Sten Bens

Das Herz Prinzip

Mit Herz und Hirn zum Erfolg

pro literatur Verlag

pro literatur Verlag

Unterstützt durch Şahin • Miehe & Bens
www.sahin-miehe-bens.de

Sten Bens, Das Herz Prinzip,2. Auflage
Copyright © 2009. Verlag, Herstellung und Vertrieb:
pro literatur Verlag, Augsburg

Weitere Informationen finden Sie auch im Internet unter:
www.stenbens.de und www.sahin-miehe-bens.de
Anschrift: Hauptstr. 19 / 38165 Lehre-Wendhausen

ISBN 978-3-86611-431-9

Inhaltsverzeichnis

Danke

Ich möchte mich hier auf einen Menschen beschränken, der mit seinem brillanten Geist entscheidend zu diesem Buch beigetragen hat. Es war eigentlich schon fertig, als Dirk Miehe mit Simon John auftauchte und dafür plädierte, ihn doch einmal über das Manuskript schauen zu lassen. Simons Anmerkungen zum Text zwangen mich, die Inhalte an vielen Stellen in der Aussage zu schärfen. Er deckte so manche Lücke auf, die ich noch zu füllen hatte. Dabei diskutierten und rangen wir um einzelne Wörter, die zum Verständnis enorm beitragen und vielleicht unbewusst gewollte Missverständnisse beim Lesen vermeiden helfen.

Danke, Simon, für Deine einmalige Sichtweise der Dinge.

Vorwort

In den letzten zwei Jahren seit Erscheinen des ersten Buches hat sich vieles verändert. Viele Erkenntnisse aus dem Berufsleben, meiner Arbeit, der Arbeit von Miehe & Bens, haben die Gedanken vertieft. Neue Ideen sind heran gereift. Unsere Arbeit mit den Menschen zeigte aber auch sehr deutlich, dass ein großer Bedarf da ist, die Kommunikation zwischen den Menschen in ein verständlicheres Licht zu rücken. Das sagt aber auch aus, dass die Menschen sehr oft aneinander vorbei reden. Zu viele Missverständnisse unter den Akteuren des Lebens bauen zu viele Barrieren auf - Barrieren untereinander und im Menschen selbst.

Es ist kein Geheimnis, dass wir eine Kultur geschaffen haben, die das Wohl der Wirtschaft in den Vordergrund stellt und nicht das Wohl des Menschen. Wie oft habe ich gehört: „Geht es der Wirtschaft gut, geht es dem Menschen gut!" Umgekehrt funktioniert das auf eine etwas andere Art aber auch. Ich habe manche Nacht mit Freunden darüber philosophiert, wie so eine Gesellschaft aufgestellt sein könnte und wie die Wirtschaft in diesem Modell funktionieren würde.

Stellen Sie sich einmal vor, Sie würden in einem System arbeiten, in dem alle grundsätzlich das Wohl des Menschen in den Vordergrund rücken. Ich kenne die ersten Ängste, die bei dem Gedanken aufkommen: „Wir sind eine führende Wirtschaftsmacht. Wir werden sicher diesen Status verlieren..."

Wenn Sie den Gedanken aber immer wieder durchspielen, werden Sie zu ganz anderen Ergebnissen kommen. Es ist natürlich nicht mein Anliegen, in diesem Buch die wirtschafts-politischen Möglichkeiten eines solchen Systems darzulegen. Ich möchte Sie vielmehr einladen, für sich selbst etwas zu bewegen. Schließlich kann sich ein Gesamtgefüge wie die Welt nur dann positiv verändern, wenn seine einzelnen Bestandteile – also die einzelnen Menschen - für einen Wandel offen sind:

Wenn Du die Welt in Ordnung bringen willst, musst Du zunächst Dein Land in Ordnung bringen.
Wenn Du Dein Land in Ordnung bringen willst, musst Du zunächst die Städte in Ordnung bringen.
Wenn Du Deine Stadt in Ordnung bringen willst, dann musst Du erst Deine Straße in Ordnung bringen.
Wenn Du Deine Straße in Ordnung bringen willst, dann bringe zunächst Deine Familie in Ordnung.
Wenn Du Deine Familie in Ordnung bringen willst, dann bringe erst Dich in Ordnung.

Der Erfolg, nämlich unser eigener Fortschritt, gibt uns Recht. Je mehr Menschen bei diesem Ansinnen Erfolg haben, desto mehr fangen an, es ihnen gleich zu tun. Wir erkennen seit Langem, dass die Verkaufsmannschaften in den meisten Firmen in Deutschland leider immer noch mit ihrer eingeschränkten Denkweise an Grenzen stoßen. Wer immer nur ausschließlich sein Produkt oder seine Dienstleistung verkaufen will, wird auf lange Sicht in diesem Markt nicht mehr bestehen können. Hier zwingt der Markt zum Umdenken.

Der Kunde steht im Mittelpunkt, seine Interessen sind das Wichtigste. Theoretisch haben wir das alles schon einmal gehört. Wer aber im Hinterkopf mit Hilfe des Kunden seinen Profit steigern möchte, der wird auf Dauer scheitern, weil sich die Gedanken nun einmal nicht verbergen lassen. Unsere Gedanken bedingen unsere Wortwahl, unsere Mimik und Gestik. Was wir sagen wollen, können wir noch kognitiv bestimmen, das heißt, bewusst lenken. Wie wir es sagen, das wird in tieferen Regionen des Gehirns erarbeitet. Hierauf haben wir aber im Moment der Tat keinen Einfluss. Da sind wir machtlos. Allerdings sind wir nur deshalb machtlos, weil wir nicht gelernt haben, den größten Computer der Welt so zu benutzen, dass er uns zuarbeitet. Wir sind zu viel mehr in der Lage, als wir täglich leisten. Jedoch geht das nicht über noch mehr Arbeit, noch schnelleres Arbeiten (vorausgesetzt, Sie sind ohnehin fleißig und schnell), eben blinden Aktionismus. Das führt nur zu noch mehr von Irgendwas, was die eigene Leistung beliebig macht. Um wirklich erfolgreich zu sein, müssen wir uns immer wieder einmal etwas zurücknehmen und die Dinge hinterfragen. Die eigenen Ziele berücksichtigen und uns selbst wichtig genug sein, dass wir uns immer wieder in unserem eigenen System wohl fühlen können. Ich weiß, was jetzt kommt – „Keine Zeit". Wir sind oftmals so sehr damit beschäftigt Karriere zu machen oder einfach nur damit, im Arbeitsdschungel zu überleben, dass wir meinen, wir können uns keine Auszeit nehmen. Wer das allerdings eben nicht tut, den Schritt zurück geht und sich und sein Handeln hinterfragt, wird auf Dauer immer langsamer voran- schreiten. Diejenigen, die sich die Zeit dazu nehmen, sind dauerhaft die Schnelleren.

Ein Fischer sitzt auf dem Steg und angelt mit seiner Angel. Da kommt mein Mann auf ihn zu und sagt:
„Soll ich Dir zeigen, wie man ein Netz macht? Dann kannst Du ganz viele Fische auf einmal fangen."
„Nein", entgegnet der Fischer, „ich habe keine Zeit, ein Netz zu fertigen, ich muss Fische fangen, um mich und meine Familie zu ernähren."

Nun haben wir alle diese Dinge schon einmal gehört. Wir wissen eigentlich genau, was zu tun ist. Wir tun aber nicht, was wir wissen - jedenfalls nicht oft genug. Wie kommt das? Was hält uns davon ab, das zu tun, woran wir glauben? – Glauben wir nicht fest genug? Oder haben wir vielleicht das Gefühl, dass diese Dinge für Andere gelten, aber in unserer ureigenen Situation nicht. Jedenfalls noch nicht – „Ich müsste erst ein paar Dinge klären, dann kann auch ich loslegen." Dieser Moment, wann es bei uns losgehen kann, ist jedoch nie abhängig von irgendwelchen Dingen im Außen. Dieser Moment beginnt, wenn sich bei uns selbst etwas in unserem Denken ändert. Wir selbst sind es, die uns einen Stempel aufdrücken. Wir geben uns eine Bedeutung und leben danach: Wir versuchen unbewusst, dieser Bedeutung, die wir uns geben, immer wieder nahe zu kommen. Solange wir nicht im tiefsten Inneren begreifen und daran glauben, dass wir selbst einen enormen Einfluss auf unser Leben haben, werden wir die meisten Herausforderungen als zu schwer erachten. Wir müssen dann fast zwangsläufig an ihnen scheitern. Scheitern tut weh, macht keinen Spaß. Irgendwann ziehen wir uns zurück und geben uns mit immer weniger zufrieden.

Ich möchte eines an dieser Stelle klar zur Sprache bringen: Nicht allen ist es gegeben, Multimillionär zu sein. Darum geht es mir hier nicht. Jeder hat seinen eigenen Platz im Leben zu besetzen. Manche Menschen müssen schwere Schicksalsschläge hinnehmen. In schwierigen Zeiten stelle ich mir eher die Frage, ob ich diese Erfahrung wert bin. Wenn Sie sich in einer so schwierigen Phase des Lebens befinden, empfehle ich Ihnen ein Buch von Victor Frankl: „Trotzdem ja zu Leben sagen." Es hilft.

Aber wir alle haben das Recht, auf Dauer in unserem Leben glücklich zu sein. Was auch immer wir als Glück empfinden, ist allein unsere Sache, insofern wir niemandem dabei schaden.

Ein Junge sitzt mit seinem Vater an einem Fluss beim Angeln. Der Vater steht auf, weil er etwas aus dem Wagen holen will. Da wird der Junge unsicher und sagt: „Aber Papa, wenn Du jetzt weg bist und ich falle in den Fluss, dann muss ich doch ertrinken…"
Darauf entgegnet der Vater: „Nein, mein Sohn, Du musst nicht ertrinken, wenn Du in den Fluss fällst. Du musst nur ertrinken, wenn Du nicht wieder herauskommst."

Es hat keiner gesagt, dass das Leben einfach ist. Das ist auch nicht der Sinn des Lebens. Unser Gehirn würde in seiner

Leistung schrumpfen, wenn es nicht ständig neue Herausforderungen bekäme.

Genau hier soll unsere Reise beginnen. Ich möchte Ihnen ein Prinzip vorstellen, das Sie im Grunde Ihres Herzens bereits kennen. Zumindest haben Sie schon irgendwie gewusst, dass die Dinge so sind. Ich will Ihnen nicht wirklich etwas gänzlich Neues erzählen. Aber ich möchte ein lückenloses Netz stricken, in dem Ihre letzten Fragen aufgefangen werden – die Fragen, die Sie für sich noch geklärt haben wollten, um in Ihrem Leben einige Weichen stellen zu können.

Allerdings werden die Fragen niemals aufhören. Es kommen neue. Aber es macht einen Unterschied, wie ich Ihnen begegne. Ich möchte Ihnen mit dem „Herz Prinzip" die Möglichkeit an die Hand geben, die Reise des Lebens mit all seinen Herausforderungen entspannter antreten zu können.
Und wenn Sie schon Probleme haben, dann bitte keine künstlich aufgebauten Nebenkriegsschauplätze, nur um die wirklichen Herausforderungen des Lebens nicht angehen zu müssen.

Gedanken

Das größte Mysterium der Menschheit ist die Illusion des „Ich". Die Beweisführung, ob wir tatsächlich getrennt von unserer Umwelt existieren oder nicht, ist augenblicklich noch den Philosophen überlassen. Der Glaube allerdings, dass wir getrennt existieren, ist existenziell und zugleich unser größter Kummer. Er ist der Nährboden für die Suche nach Liebe. Unser ganzes Streben zielt darauf ab, geliebt zu werden und Liebe zu empfinden. Jeder geht dabei seinen eigenen Weg. Manche versuchen es über die Verbundenheit zur Natur. Andere über Meditation. Wieder andere suchen sich ganz einfach einen Partner oder eine Partnerin.

Die philosophische Auseinandersetzung mit sich und der Welt lässt einige von uns nach dem Sinn des Lebens fragen.

Der Buddhist sieht seine Seele durch viele Leben wandern, um zur Vollkommenheit zu wachsen. Der Christ sucht die Einheit mit Gott und sieht sich so im Leben Prüfungen ausgesetzt. Viele Menschen glauben nur das, was sie sehen. Letztere haben sich wahrscheinlich noch nie intensiv mit der Quantenphysik auseinander gesetzt.

Es gibt so viele Theorien über die Zusammenhänge dieser Welt, dass kein einzelner Mensch je alle verstanden hätte. Tatsächlich verwendet die Wissenschaft, genau wie die Kirche, Analogien und Metaphern, die die Realität beschreiben sollen. Eine Metapher funktioniert aber immer nur für den Sachverhalt, den sie beschreibt. Sie ist nicht immer und auch nicht überall gültig. Leider sehen viele das nicht und werfen der Kirche unlogische Argumentation vor. Das hilft einer ehrlichen Diskussion natürlich wenig.

Anders als die Kirche hat die Wissenschaft keine Probleme damit, ihre Metaphern (Modelle) genauso schnell über Bord zu werfen, wie sie neue aufstellt. Hat sie etwas Neues entdeckt, worauf die alten Metaphern (Modelle) nicht mehr passen, werden sie entmachtet. Dabei sucht die Wissenschaft immer noch nach den Antworten. Beweisen kann die Wissenschaft ihre Theorien nur durch Erfolg in der Anwendung. Oft ist es auch so, dass man erst guckt, wie etwas funktioniert, um es dann zu erklären. Die Erklärungen bleiben dann auch wieder nur so lange bestehen, bis auch sie nicht mehr passen.

Heute können wir zum Mond fliegen! Warum das alles aber so funktioniert und ob das immer so sein muss, kann niemand mit letzter Gewissheit sagen. Wir tun, was funktioniert und stellen dazu die Regeln auf. Wenn Sie Religion mit Wissenschaft ernsthaft vergleichen, dann finden Sie mehr Gemeinsamkeiten als Unterschiede. Die Dinge dazwischen überlässt man den Philosophen. Die suchen die Antworten für diese Dinge in erster Linie in unserem Kopf. Unser Gehirn ist dabei das zentrale Forschungsobjekt so vieler Disziplinen, dass wir bereits ein enormes Wissen über seine Funktionsweisen erlangt haben, ohne jedoch wirklich bis ins Letzte zu verstehen, warum die Dinge so sind, wie sie nun mal sind. Das ist auch gar nicht immer so wichtig. Schließlich fliegen wir ja auch zum Mond, ohne das Weltall zu verstehen. Dann können wir ja auch das Wissen über unser Gehirn nutzen und eine Gebrauchsanweisung fertigen, ohne zu wissen, warum die Prozesse so ablaufen und nicht anders!

Je mehr man sich allerdings mit der Psychologie und Hirnforschung und mit der Logik der eigenen Gedanken und Handlungen beschäftigt, desto mehr wird klar, dass das Zentrum unseres Denkens an einer ganz anderen Stelle sitzt, nämlich im Herzen. Obwohl dieses Buch „Das Herz Prinzip" heißt, möchte ich doch ganz nüchtern an die Sache herangehen. Sie werden also eine Weile warten müssen, bis wir zum Herzen vordringen. Ich will hier keine Theorien verbreiten, sondern werde versuchen, Schritt für Schritt aufzuzeigen, was unsere Gedanken formt, was uns bewegt, warum wir einmal mehr lachen oder weinen. Dies ist ein Plädoyer für den Erfolg mit Herz. Ich werde zeigen, dass wirklicher Erfolg und Herz zusammengehören, wie der Buchrücken zu diesem Buch.

Das Gehirn

Stellen Sie sich vor, Sie wachten aus einem tiefen Schlaf auf: Sie finden sich in einer dunklen Kammer mit Hebeln, Schaltern, Lenkrad und Pedalen wieder. Von außen betrachtet sitzen Sie in einem Gefährt ähnlich einem Auto und Sie fahren durch die Stadt. Ihr Vehikel hat Greifarme, ist sehr wendig und kann mitunter auch sehr schnell sein. Aber das wissen Sie alles noch nicht, denn Sie fahren dieses Ding zum ersten Mal. Sie wissen auch nichts von den Greifarmen, denn Sie sind nicht in das Gefährt eingestiegen, sondern darin erwacht. Sie können auch nicht heraus schauen, denn es hat keine Fenster. Sie können nichts sehen, nichts riechen, nichts hören. Zum Glück sitzt oben auf dem Gefährt ein Helfer, der alles mitbekommt, was da draußen passiert. Von ihm bekommen Sie die Informationen. Jedoch können Sie nicht direkt mit ihm sprechen. Er kann Ihnen nur morsen. Das Problem dabei ist, dass Sie das Morsealphabet nicht kennen - noch nicht. Aber das wird sich ändern, denn jetzt beginnt Ihre Reise, bei der Sie lernen werden, zu verstehen, wie die Welt da draußen sein könnte. Sie lernen zu verstehen, was die Zeichen bedeuten: Wenn Sie zum Beispiel gegen eine Wand fahren, dann wissen Sie, dass das letzte Morsezeichen eines mit Sicherheit nicht bedeutete, weiter geradeaus zu fahren.

Ungefähr so ergeht es unserem Gehirn, wenn wir auf die Welt kommen. Es ist vollkommen abgeschottet von der Außenwelt, es besteht kein direkter Kontakt. Jedoch prasseln über die Sinnesorgane pausenlos Reize auf das Gehirn ein, die es erst einmal ordnen muss. Das Gehirn fängt an, sich ein Abbild von der Welt zu bauen. In unserem Kopf bilden wir die Welt nach, so wie wir sie verstehen. Dabei ist die wichtigste Aufgabe des

Gehirns, dass dieser Organismus überlebt. Ja, es ist die Basisaufgabe, auf der alle anderen Dinge aufbauen.

Nachdem unser Gehirn schon erste wohlbehütete Erfahrungen im Mutterleib gesammelt hat, kommt mit der Geburt die harte Zeit. Unser Überleben ist nun nicht mehr selbstverständlich. Das Gehirn muss schnell lernen, die Umwelt so zu verstehen, dass es überleben kann. Da der Mensch mit der Geburt noch nicht selbst für sich sorgen kann, muss er in Interaktion treten – mit Mama. Das Wichtigste sind also zunächst die Informationen über Mama. Gehört hat das Baby Mama schon im Mutterleib. Es weiß, wie es ist, wenn sie wütend ist oder sich wohl fühlt und wie sich die Stimme in diesen Situationen anhört. Da spielen Dinge eine Rolle wie die Geschwindigkeit der Sprache und der Rhythmus. Jetzt aber macht sich das Baby auch ein Bild von Mama. Das erste Bild überhaupt, denn es ist nun mal Mama, die Überleben garantiert. Sie steht für Geborgenheit, Nahrung und Wärme.

Da das Baby noch keine Bilder im Kopf hat, fängt es jetzt langsam an, sich die wesentlichen Merkmale des Gesichtes der Mutter einzuprägen. Es kann nicht alles auf einmal aufnehmen. Die Informationen, die allein im Bild eines Gesichtes stecken sind bereits so zahlreich, dass viel mehr gar nicht auf einmal verarbeitet werden kann. Das Gehirn bedient sich daher eines Tricks. Sobald es sich Augen, Nase, Mund von Mamas Gesicht eingeprägt hat (im wahrsten Sinne des Wortes werden diese Eindrücke in die Gehirnstrukturen geprägt), geht es an die Umgebung des Gesichtes. Das Gesicht selbst holt es sich aus dem Gehirn zurück ins Bewusstsein, wenn es Mama sieht. Es achtet dabei nur auf den Abstand der beiden Punkte (Augen) und nimmt die Nase und den Mund nur noch als Striche wahr. Das reicht. Wenn diese Punkte und Striche zusammen kommen, ruft das Gehirn sein Bild aus dem Inneren ab. Somit hat es Platz für neue Informationen von außen. Wenn Sie jetzt ein Strichmännchengesicht an die Wand malen und das Baby davor setzen, fängt es an sich zu freuen, weil es sofort das einzige

dazu logische Bild abruft - Mamas Gesicht. Es hat ja noch keine anderen im Gehirn.
Und so macht das Gehirn ein Leben lang weiter. Es versucht zunächst, neue Informationen aus der Außenwelt zu sammeln. Hat es diese, braucht es nicht mehr viel, um sich sein eigenes Bild zu machen. Es sucht nur noch nach gewissen Parametern im Außen und gleicht sofort mit den inneren Bildern ab.

Lassen Sie mich hier ein psychologisches Beispiel vorweg nehmen, um das zu verdeutlichen: Stellen Sie sich vor, Sie sind Mitteleuropäer und werden von einem Chinesen überfallen. Die Polizei fasst diesen und bittet Sie aufs Revier zur Gegen-überstellung. Vor Ihnen stehen zehn Chinesen. Ich bezweifle, dass Sie jetzt noch gute Karten hätten, wenn Sie in Ihrem Leben nicht bereits eine Reihe Chinesen kennen gelernt hätten.

Es war lange Zeit wissenschaftlicher Stand, dass   Lernen mit zunehmendem Alter immer schwieriger werden würde. Eines ist sicher – es ist anders. Kinder fehlen die Bilder und Referenz-erlebnisse der Erwachsenen, weshalb ihr Gehirn viel mehr aufnehmen muss.
Dass das Gehirn nicht besonders gut unter Stress arbeitet, wissen die meisten. Trotzdem erlebe ich immer wieder, wie Eltern ihren Kinder Regeln beibringen wollen, indem sie barsch Verbote in den Raum werfen. Kinder wollen die Welt verstehen lernen. Wer ihre Neugierde erhält, schafft eine hervorragende Grundlage für das Lernen in der Schule.
Unser Gehirn hat allerdings nie gelernt, die Welt absolut zu betrachten. Die Abbildung der Welt im Gehirn ist relativ zum eigenen Verhalten. Es hat sich ein „Wenn-Dann-Prinzip" entwickelt. Wie die Welt da draußen wirklich aussieht, hat das Gehirn in der Vergangenheit nicht interessiert. Es hatte keine Ahnung. Es ging immer nur darum, wie mir mein Verhalten, meine Interaktion mit der Umwelt, Erfolg beschert.

In einem Experiment wurden zwei Wochen alte Babys in drei Gruppen eingeteilt und in ihrem Bett beobachtet. Über jedem Bett hing ein Mobile. Bei der ersten Gruppe wurde dieses Mobile jede Stunde für kurze Zeit bewegt. In der zweiten Gruppe wurde das Mobile in unregelmäßigen kürzeren Abständen in Drehung gebracht. Die dritte Gruppe lag auf einem Hightech-Kissen. Immer, wenn die Babys ihren Kopf bewegten, drehte sich auch das Mobile.

Nach ein paar Wochen ließ sich Folgendes feststellen: Die Babys der ersten und zweiten Gruppe lagen gelangweilt im Bett herum und blickten in der Gegend herum. Die Babys der dritten Gruppe aber hatten viel Spaß. Sie bewegten fleißig ihre Köpfchen hin und her, hielten inne und beobachteten das Mobile. Wenn es sich bewegte glucksten und lachten sie vor Freude.

Dieses Wenn-Dann-Prinzip herrscht über unser ganzes Leben. Die Vorteile, die es mit sich bringt, sorgen aber auch für viele Irrtümer im Leben, weil wir daraus unsere Regeln bilden. Wir werden dieses Prinzip an anderer Stelle näher betrachten müssen.

Erst nach und nach gelingt es uns, Verständnis für ein absolutes Denken aufzubringen. Einige Wissenschaftler haben sich diesem Feld der Quantenphysik gewidmet. Ihr Selbstverständnis, ihre Arbeit und ihr Gehalt hängen von ihrem Erfolg ab. Das wird zu einer Überlebensstrategie auf hohem Niveau – das Gehirn ist bereit zu lernen. Es wird eine Strategie entwickeln, dieses Thema zu verstehen. Mit Albert Einsteins Relativitätstheorie wurde ein Tor aufgestoßen. Denn er hat uns die absolute Welt durch Relation nahe gebracht. Hierdurch wird das Wissen weniger Wissenschaftler der breiten Öffentlichkeit verständlich gemacht und somit auf Dauer zu Allgemeingut. Das Gehirn hat dann hinzu gelernt und dieses Wissen als kulturelles Erbe an die nächste Generation weiter gegeben. Unsere Kinder wachsen dann wie selbstverständlich mit diesem Wissen auf.

Das Gehirn stellt sich immer ein und um. Die Gene haben keine Ahnung, wie viel Gehirn gebraucht wird. Sie liefern ein Überangebot an Möglichkeiten. Egal, was das Gehirn im Außen vorfindet. Es passt sich an. Sind sie in England geboren, sprechen Sie Englisch, in Deutschland Deutsch und in Japan Japanisch. Sie könnten auch genauso gut fünfsprachig auf-wachsen. Sie fangen vielleicht ein wenig später an, zu sprechen, dafür aber sauber getrennte fünf Sprachen. Über das kulturelle Erbe ließe sich ein eigenes Buch füllen, deswegen möchte ich hier die Geschichte des Gehirns erst einmal abschließen.

Vom philosophischen Standpunkt aus betrachtet erhält die Welt mit dem Gehirn einen Spiegel. Es entsteht Bewusstsein über die Welt. Eine philosophische Zwischenfrage sei an dieser Stelle bereits erlaubt: Wo ist der Mittelpunkt der Welt, wenn nicht dort, wo ihr Bewusstsein ist?
Diese Frage wird Ihnen das vorliegende Buch sicherlich nicht beantworten. Mehr Aufschluss hierzu liefern die Quantenphysik und die Relativitätstheorie. Hier beschäftigen wir uns mehr mit der Psychologie und nutzen dabei Erkenntnisse aus der Hirnforschung. Nur in der Kombination erhalten wir ein Ver-ständnis darüber, wie wir denken, was uns bewegt und was uns lähmt.

Wir werden jedoch immer auch den Blick aus der Vogelperspektive wagen müssen, um das Gesamtbild nicht aus den Augen zu verlieren. Dieses Gesamtbild liefert eine Gebrauchsanweisung für unser Gehirn, die uns helfen kann, viele Dinge im Leben besser zu meistern, schneller ans Ziel zu gelangen und glücklicher zu leben. Es wird uns aber nicht vor den Problemen bewahren. Ein altes persisches Sprichwort sagt:

„Ein gelöstes Problem ist für das Wachstum der Seele soviel wert wie ein zerbrochenes Schwert auf dem Schlachtfeld."

Ein kleiner Exkurs ins Gehirn

Wir haben bis heute nicht vollständig verstanden, wie das Gehirn tatsächlich funktioniert. Es scheint noch ein sehr weiter Weg dahin. Eines scheint jedoch klar. Die Struktur des Gehirns ist so komplex, dass nie nur einzelne Bereiche an einem Denkprozess beteiligt sind. Vielmehr wird jedwede Aktivität derart vielschichtig verarbeitet, dass man in jeder kleinen Veränderung im Außen auch Veränderungen in der Verarbeitung im Gehirn feststellen kann. Dies lässt sich an einem Beispiel vielleicht besser erklären.

Der Prozess des Sehens kann uns da helfen und phantastisch aufzeigen, wie komplex unser Gehirn arbeitet. Zudem gibt es Einblicke über das augenblickliche Verständnis der Wissenschaft.

Von den Stäbchen (zum Sehen in der Dämmerung) und den Zapfen (reagieren auf die drei Grundfarben rot, grün oder blau) hat jeder schon gehört. Ich will hier nicht die Struktur des Auges erklären, aber so viel sei zum Verständnis gesagt: Wenn Licht auf das Auge fällt, dann ist das Endresultat einer komplizierten chemischen Reaktion; eine Veränderung der elektrischen Eigenschaften in diesem Auge. Diese chemisch herbeigerufene Wandlung, verändert die Botschaft, die ständig ausgesandt wird. Das Auge signalisiert jedoch nicht alles in seinem Sehfeld gleichwertig. Das übertragene Bild ist bereits stark vorbearbeitet. Unser Auge ist nämlich mehr damit beschäftigt, nach Veränderungen zu suchen. Eine größere farblich gleichmäßige Fläche verursacht nur schwache Reize. Das haben Sie bestimmt schon selbst erlebt, wenn Sie mal auf eine Wand geschaut haben und auf einmal fängt das Bild an zu verschwimmen. Formen und Farben können sich verändern, aber gerade ganz besonders auch Bewegungen. Dies ist ein Zeitfaktor: die Bewegung ist fließend – in Materie und Zeit. Unser Nervensystem ist viel empfänglicher für Zustandsänderungen als für Stillstand.

Das können Sie wiederum feststellen, wenn Sie allein entspannt in einem Raum sitzen und sich auf einmal etwas bewegt. Sofort werden Sie aufmerksam. Manchmal verpasst Ihnen Ihr Gehirn auch gleich noch ein paar Extra-Hormone. Es ist unser Urinstinkt, immer auf der Hut zu sein und aufzupassen. Wer in der Urzeit darauf nicht reagierte, liefe Gefahr, leichter angreifbar zu sein.
Unser menschliches Auge selbst ist allerdings nur der Bote von Informationen; gesehen wird im Gehirn. Zunächst wandern die elektrischen Signale zum Thalamus und von dort zum visuellen Cortex. Das muss man sich nicht merken, ich möchte nur deutlich machen, was nun alles geschieht. Ist dieser visuelle Cortex geschädigt, ist man nicht mehr in der Lage, bewegte Objekte in ihrer Aktion wahrzunehmen. Wenn Sie sich dann eine Tasse Kaffe einschenken würden, würden Sie immer übergießen, weil für Sie das Bild gefroren wäre. Erst als nächstes Bild offenbart sich die übergelaufene Tasse. Gefährlich wird es so auch im Straßenverkehr, wo man die Abstände der Wagen immer nur als Einzelbilder erhält. Allerdings sind Sie immer noch in der Lage Bewegung zu hören oder zu spüren.
Eine Schädigung in anderen Bereichen der Großhirnrinde kann dazu führen, dass man zwar die Bewegung und die Farbe, jedoch nicht die Form der Dinge sehen kann. Erst durch Berührung erkennt man den Gegenstand wieder. Selbst bei intakten Augen kann es passieren, dass Sie farbenblind werden. Ist das entsprechende Hirnareal allerdings nur zum Teil verletzt, erscheint Ihnen die Welt immerhin noch zur Hälfte in Farbe.

Sie erkennen also, dass Form, Farbe und Bewegung unabhängige Prozesse sind. Uns hingegen erscheint es wie ein zusammenhängendes Ganzes. Die derzeitige Auffassung der Wissenschaft besagt, dass wir das Sehen in unterschiedlichen Hirnarealen zur gleichen Zeit verarbeiten. Wo aber fügt das Gehirn dieses Bild zusammen?

Das Gehirn ist wohl eher darauf ausgelegt, die einzelnen Regionen im ständigen Dialog miteinander zu halten. Die Lehre darüber, dass speziellen Zentren bestimmte Aufgaben zugeordnet sind, scheint überholt. Wie aber sehen wir dann tatsächlich? Es steht fest, dass die gleichen Prozesse, die wir mit offenen Augen in unserem Gehirn durchlaufen, auch im betäubten Gehirn ablaufen. Diese Gehirnströme sind somit keine reine Reaktion auf die Reize der Augen. Sie laufen auch unabhängig ab. Das hat allerdings nichts mit dem so genannten Blindsehen zu tun, auf das ich hier nur ganz kurz zu sprechen kommen möchte. Personen, denen man dieses zuschreibt, können grundsätzlich nicht sehen. Wenn man sie aber in Tests zum Raten auffordert, können sie auf die gewünschten Objekte im Raum zeigen, obwohl sie bezeugen, nichts zu sehen. Das liegt daran, dass die zum Sehen nötigen Prozesse alle ablaufen. Die Augen, der Sehnerv und auch alles Andere sind gesund. Aber die Person ist sich nicht bewusst, dass sie sehen kann.

Dies ist nur ein Auszug aus dem komplexen Vorgang des Sehens. Sie haben sich vielleicht bereits gefragt, was dieser Exkurs in einem Buch wie diesem zu suchen hat. Wir werden später an verschiedenen Stellen das Sehen von der psychologischen Seite betrachten. Dabei kann es für das tiefere Verständnis einen Sinn ergeben, wenn man mit Hintergründen vertraut ist.

Das ergibt schon deshalb einen Sinn, weil wir ja wissen, dass uns unser Gehirn in dem unterstützt, was wir aus tiefsten Herzens als Wahrheit erachten: Unser Gehirn wird uns niemals freiwillig Lügen strafen wollen. Schließlich geht es um die Integrität unseres Selbst. Eine gespaltene Meinung kann auf Dauer psychologische Schäden verursachen. Zumindest aber sorgen diese inneren Ungereimtheiten dafür, dass wir im Leben ständig die Richtung wechseln, immer wieder ein paar Schritte vor und dann auch zurück gehen. Den Zielen kommen wir allerdings so nicht näher.

Ein weiteres Augenmerk dürfen wir auch das Gedächtnis legen. Besser noch: dem Ablegen des Erlebten und dem anschließenden Zurückholen der Informationen. Dabei passieren zweierlei Dinge: Informationen werden als etwas Erlebtes abgelegt und zusätzlich als reine Sachinformation. Diese Trennung der Aufnahme ist sehr wichtig. Dinge, die fast automatisch ablaufen, wie das Fahren eines Autos, das fließende Sprechen einer Fremdsprache usw. werden dem so genannten impliziten Gedächtnis zugeschrieben. Das bewusste Erinnern an ein Ereignis, wie zum Beispiel den letzten Urlaub, wird dem expliziten Gedächtnis zugeschrieben.

Implizites Gedächtnis:	Faktenwissen
Explizites Gedächtnis:	Geschichtenwissen

Es gibt Menschen, die ihren Zugang zum Gedächtnis beim Ablegen von Informationen dauerhaft verlieren. Sie können sich an alles erinnern, was bis zu einem bestimmten Zeitpunkt in ihrem Leben passiert ist. Was danach kommt, ist jeden Tag aufs Neue unauffindbar.

Wenn sie morgens aufwachen, können sie sich nicht an gestern erinnern und sich dessen bewusst sein, dass gestern noch der Tag von vor zehn Jahren war, als ihre Erinnerung aussetzte. Tatsächlich besitzen sie immer noch die Fähigkeit zu lernen. Zwar haben sie keine Erinnerungen daran behalten, sind jedoch in der Lage, Erlerntes in das implizite Gedächtnis abzulegen. So können diese Menschen eine gewisse Fingerfertigkeit für eine Arbeit erlernen (implizites Gedächtnis), die sie auch behalten. Sie werden aber bereits am nächsten Tag nicht mehr wissen, wann und wo sie diese erlernt haben (explizites Gedächtnis).

Vielleicht haben Sie ja den Film „50 erste Dates" gesehen. Der handelte von einem solchen Fall. Obwohl es bei dieser speziellen Variante des Gedächtnisverlustes dazu kommt, dass sich der Patient nur noch an die Dinge erinnert, die mindestens zwei Jahre vor dem Ereignis liegen. Aber das ist eben Hollywood.

Viel interessanter ist die Tatsache, dass sich das Ereignis während des Vorgangs des Erinnerns verändert. Durch die komplexe Verarbeitung in unserem Gehirn, das gleichzeitige Abfeuern von Emotionen und das nebenher ablaufende Kontrollieren aller übrigen Funktionen taucht das Erlebnis jedes Mal in einen anderen Kontext auf. Jedes Mal, wenn wir eine Geschichte erzählen, verändert sich unsere Erinnerung darüber. Das erklärt vielleicht auch, warum die Heldentaten von Opa von Jahr zu Jahr heroischer werden, obwohl es doch immer die gleichen sind.

Unser Gehirn ist derart komplex und in weiten Bereichen immer noch unverstanden, dass die Wissenschaft in seiner Erforschung noch lange nicht um ihre Arbeitsplätze bangen muss. Wir müssen aber auch gar nicht alle Abläufe bis ins Kleinste verstehen. Es reicht, wenn wir Erkenntnisse darüber haben, wann sich unser Gehirn wie verhält. Dieses können wir uns zu Nutze machen.
Ein sehr wichtiger Aspekt ist die Verbindung von Ratio und Emotionen. Unsere Entscheidungen im Gehirn werden aus-

schließlich auf Emotionen gebaut[*]. Lange bevor die Ratio ihre nackten Zahlen in einen Gedankenprozess einbringt, haben die Emotionen schon eine Entscheidung getroffen. Die Fakten dienen eher der Untermauerung.

Sie denken jetzt vielleicht, in Ihrer Firma sei das aber anders. Hier zählen nackte Zahlen. Aber auch hier wurde bei allen Projekten zunächst einmal entschieden, was überhaupt gemacht werden soll. Danach sollen die Zahlen den besten Weg aufzeigen. Und wenn die Entscheidung für ein Projekt aus reinen Geldgründen geschieht, waren die Gefühle schon lange vorher im Spiel.

Hinterfragen Sie doch einmal, warum jemand Geld verdienen will. Nicht vordergründig, etwa um zu leben oder die Miete zu bezahlen. Wenn Sie fragen, dann müssen Sie wie ein kleines Kind sein, das immer weiter bohrt. Sie müssen ja nicht ganz so weit gehen und mit dem zehnten „Warum" Ihren Chef zur Verzweiflung bringen. Aber versuchen Sie einmal, die Dinge tiefer zu hinterfragen.

Es gibt allerdings auch hier wieder den patientenabhängen Sonderfall: Ein Mensch, der aufgrund einer Gehirnschädigung „keinen Kontakt zu seinen Emotionen herstellen" kann, ist auch nicht fähig, seinen Alltag zu bestreiten. Antonio Damasio hat diese Fälle untersucht und hinreichend beschrieben. Die einfachsten Entscheidungen zu treffen, scheint unmöglich. Allein

---

[*] Anmerkung: Dies gilt immer noch nicht als bewiesene Tatsache nach wissenschaftlichen Maßstäben. Es gibt Wissenschaftler, die Anderes behaupten. Dem Interessierten sei hierzu ein spannendes Buch von Antonio R. Damasio empfohlen: „Ich fühle, also bin ich". In der Praxis, insbesondere in der Werbung, wird diese These allerdings vorausgesetzt, mit ungebrochenem Erfolg. Darum habe auch ich mich entschlossen, dieses Buch auf dieser Grundlage zu schreiben. Die größten psychologischen Erfolge basieren meines Erachtens auf diesem Gedanken.

aus der Ratio heraus zu handeln, ist eben doch nicht genug und führt bei hochintelligenten Menschen sogar zur Unfähigkeit, das Leben zu meistern. Das ist ein weiterer wichtiger Stein im Mosaik zum Herz Prinzip. Zudem hat diese Erkenntnis eine enorme Bedeutung für uns. Wir brauchen zu allem, was wir mit unseren Sinnen wahrnehmen, eine Emotion – einen körperlichen Ausdruck. Warum das so ist, zeige ich später. Sie werden darüber einiges in diesem Buch erfahren und es wird deutlich werden, dass wir alles, was in unserem Gehirn abgelegt wird, auch direkt oder indirekt mit Emotionen behaften.

Dieser geniale Trick des Gehirns eröffnet uns unglaubliche Möglichkeiten, sofern wir es bewusst zu nutzen wissen. Verstehen wir die Zusammenhänge allerdings nicht, sind wir unseren unbewusst ablaufenden Hirnprozessen ausgeliefert, wie ein kleines Schiff den Wellen auf hoher See. Dieses Zusammenspiel zwischen Ratio und Emotionen macht unser Gehirn erst so richtig überlegen. Ohne Emotionen werden die besten Computer der Welt niemals unsere menschliche Genialität erreichen.[*] Gut, kann man jetzt sagen, das tun die meisten Menschen selbst auch nicht.

Der erste Gedanke, der mir kam, als ich verstand, wie sehr wir von unseren Emotionen geleitet werden, war, dass Selbst-

---

[*] Entgegen der Behauptung einiger so genannter Computerpäpste kann ein Computer ohnehin niemals mit dem Denken eines Gehirns konkurrieren. Wer sich ein klein wenig mit der Thermodynamik auskennt, findet hier den Grund. Das menschliche Gehirn ordnet sich permanent selbst, um Energie zu sparen. Wenn es einen Gedanken auf einfachere Weise neu denken kann und dabei Energie spart, wird es das tun. So entstehen neue Gedanken, Kreativität und Platz für vieles mehr. Die beste Software wird dies nicht leisten können. Hier geht es um die Hardware, die sich beim Computer selbstständig weiterentwickeln müsste. Beim Gehirn sind Hard- und Software eins. Punkt, Satz und Sieg! Buchempfehlung: Hans Graßmann, „Das Denken und seine Zukunft"

kontrolle dadurch massiv erschwert wird. Das Gegenteil ist jedoch der Fall: Ein neu erlerntes Verhalten (implizit) führt zukünftig automatisch zu neuen, eben anderen Emotionen. Und die wiederum führen dann automatisch zu einer neuen Reaktion. Klingt erst einmal gut, oder? – Lösen wir's doch jetzt Stück für Stück auf.

In einem Lied der Gruppe Freistil heißt es an einer Stelle: „Die Welt ist so einfach, das glaubt man einfach nicht". Ich bin davon überzeugt, dass unser Gehirn, in dem sich ja die ganze Welt abspielt, wirklich so einfach ist. Man muss nur wissen, wie man es richtig einsetzt.

Was macht Menschen erfolgreich?

Dieser Frage wurde bereits in unzähligen Büchern nachgegangen. Es werden sich demnach einige Gedanken wiederfinden, von denen man bereits an anderer Stelle gelesen hat. Jedoch stelle ich meine Überlegungen in einen neuen Zusammenhang. Dieses Buch mag an manchen Stellen philosophisch klingen, es ist jedoch nicht esoterisch. Vielmehr werden hier Disziplinen vermischt, um den größeren Zusammenhang erkennen zu können.

Inselwissen bringt uns nicht wirklich voran. Es funktioniert nur in einem begrenzten Rahmen. Ich habe schon oft geglaubt, nun endlich meine Weisheit für das Leben gefunden zu haben, bis ich wieder einmal an ihre Grenze gestoßen bin. Eine schöne Metapher dafür ist die gern genommene Panorama-Perspektive des Adlers. Das ist aber nicht mein Anliegen. Ich möchte hier einen echten Zusammenhang aufzeigen zwischen Erfolg und Denken.
Warum nun sind manche Menschen extrem erfolgreich und andere, die einen wesentlich besseren Start hatten, dagegen nicht? War es Glück? Kann man dem Glück auf die Sprünge helfen?
Ich glaube, unsere Möglichkeiten sind um ein Vielfaches größer als das, was wir daraus machen. Wenn wir das täten, wozu wir in der Lage wären, würden wir über uns selber staunen.

Viele erfolgreiche Menschen haben mir erzählt: Um im Leben erfolgreich zu sein, braucht man einen Mentor. Jemanden, der einen immer wieder in die richtige Richtung drängt, der einen durch gestellte Aufgaben wachsen lässt und durch den man Kontakte aufbaut. Ein Mentor sollte in allen Lebensbereichen erfolgreich sein, oder aber man findet für jeden einzelnen Lebensbereich einen erfolgreichen Mentor. Das könnte zeitlich schwierig werden, denn jeder von ihnen verlangt viel, oder sollte es zumindest. Allerdings ist es auch selten, in allen Bereichen gleich schnell zu wachsen – dann doch schon eher gleich langsam.

Derzeit ist es in Deutschland scheinbar angesagt, individuell zu sein und sein eigenes Ding zu machen, wozu auch eigene Fehler zählen. Tatsächlich aber haben wir hierzulande eine sehr unproduktive Fehlerkultur. Schon in der Schule hat man uns beigebracht, nur auf die Fehler zu schauen: Ein Schüler schreibt eine Mathe-Arbeit und hat drei Fehler in zwanzig Aufgaben. Das wird dann Rot unterstrichen und am Ende steht, was falsch gemacht wurde. Es wird nicht kommentiert, warum der Schüler soviel richtig gemacht habe, so dass er vielleicht noch eine Zwei bekommen hat. Nein, es wird hervorgehoben, was er falsch gemacht hat, was er nicht kann. Ein Fehler ist schlecht für das Zeugnis, auf das später alle schauen und das seinen Platz in der Gesellschaft zuweist. Fehler machen ist also schlimm. Dass wir an eben diesen wachsen sollen und wie das funktioniert, wird uns allerdings nicht gezeigt. Was schon gar nicht gelehrt wird, ist die Kompetenz, seine Stärken zu erkennen und auszubauen. Es wird uns nicht beigebracht, dass es besser ist, in wenigen Dingen richtig gut zu sein, als in vielen Dingen immer nur hinterher zu laufen.

Auch ich habe auf meinem Weg bereits viele Fehler gemacht, von denen ich Sie heute profitieren lassen kann. Sie müssen das Rad ja nicht noch einmal erfinden. Lernen Sie aus den Fehlern anderer und mit diesem Buch speziell aus meinen Erkenntnissen und satteln Sie darauf auf, um noch weiter zu kommen.
Da gehört dann auch Ihre Individualität hin – Ihre Basis, um ganz neue Fehler zu machen. Wir leben nur nicht lange genug,

um alle Fehler selber machen zu können. Selbst diese Erkenntnis musste ich auf die harte Weise lernen, denn offenbar wollen wir das erst wahrhaben, wenn wir unsere Erfahrungen selbst gemacht haben. Das werden Sie in der Vergangenheit wohl auch getan haben... und jetzt haben Sie genug!? – Sie wollen endlich voran schreiten und nicht mehr auf der Stelle treten? Sie haben vielleicht sogar Ihre persönliche Schmerzgrenze erreicht? – Jedenfalls haben Sie sich dieses Buch nicht ganz ohne Grund zur Hand genommen. Also bitte!

Dieses Buch kann ihr Mentor sein, wenn Sie es als solchen nutzen wollen. Der unbedingte Wille ist ohnehin das Wichtigste. Wenn Sie also wollen, dann können Sie am Rande der Lektüre die Ideen aufgreifen und für sich nutzen. Sollten Sie das tun, so wird sich Ihr Leben grundlegend ändern – natürlich zum Positiven, am Anfang ganz langsam, kaum merklich, abgesehen von ein paar Einzelerfolgen, die einen aber sofort das Lächeln ins Gesicht treiben. Doch möchte ich Ihnen auch zwei Warnungen mit auf den Weg durch dieses Buch geben. Erstens: Wenn Sie bereits eine unumstößliche Weltanschauung ein-genommen haben und Sie suchen in diesem Buch nach Bestätigung, dann werden Sie hier enttäuscht – reine Zeit-verschwendung. Sie müssen bereit sein, neue Gedanken zu hinterfragen und auszuprobieren. Sie müssen offen dafür sein, loszulassen, um Neues aufnehmen zu können. Ihr Gehirn ist wie das berühmte volle Glas. Um hier neue Sichtweisen einzufüllen, müssen Sie Ihre Gedanken frei machen und das Glas vorher ausschütten, zumindest teilweise. Dabei werden die meisten Dinge für Sie vielleicht gar nicht so neu sein, denn Sie haben sie irgendwo schon einmal gehört. Sie wissen, dass es sie gibt und dass sie funktionieren sollen. Sie haben vielleicht aber nur noch nicht darüber nachgedacht, dass man diese Dinge auch bewusst selbst steuern kann. Machen Sie sich also frei für Gedanken, die nicht unbedingt neu sind, aber in diesem Zusammenhang neue Wege für Sie aufzeigen können.

Zweitens: wenn Sie sich auf den Weg durch diese Lektüre machen, wird sich manches in Ihrem Umfeld verändern. Sie werden neue Freunde gewinnen, aber auch alte Freunde verlieren. Sie erhalten ein anderes Verständnis für die Dinge. Dafür verstehen manche Menschen in Ihrer Umgebung Sie nicht mehr. Keine Panik: es kommen neue, die Sie dafür umso besser verstehen werden.

„Wenn Du die Welt verändern willst, dann musst Du Dich verändern. Verändere Dich und Du veränderst die Welt".

Ich könnte ja jetzt sagen: „Lesen Sie besser einen guten Roman, wenn Sie noch nicht bereit sind, Ihre jetzige Welt zu verändern"! – Allerdings habe ich noch eine Neuigkeit für Sie! Es ist sowieso egal, was Sie tun. Ihre Welt verändert sich so oder so; und Sie tun Ihren Teil dazu, ob Sie wollen oder nicht. Sie können gar nicht „nicht kommunizieren". Selbst wenn Sie jemandem aus dem Wege gehen, weil Sie nicht mit ihm reden wollen, kommunizieren Sie. Sie zeigen zumindest, dass Sie gerade nicht reden wollen. Was glauben Sie denn, was der Empfänger dieser Botschaft (die Sie ja eigentlich nicht senden wollten, mit dem Versuch, sich gar nicht zu melden) so alles interpretiert? – Die wildesten Geschichten nehmen ihren Lauf. Nur jetzt haben Sie leider keinen Einfluss darauf. Aber nicht nur im Zwischenmenschlichen hat Ihre Entscheidung, sich zurück-zuziehen, eine Auswirkung. Tatsächlich verursacht jede Ihrer Handlungen auch eine Auswirkung in Ihrem Gehirn. Warum sollte man dann also nicht gleich die Kontrolle in der Hand behalten?

Es ist egal, wie alt oder jung Sie sind, Ihr Gehirn strukturiert sich ständig neu. Ständig entstehen neue Verbindungen, alte werden aufgegeben. Eine einmal erworbene Fertigkeit prägt sich ein und verstärkt sich. Aber auch jede Ihrer Handlungen sorgt für neue, bessere Vernetzungen im Gehirn, und das in genau die Richtung der Handlung, sei diese Verbindung auch noch so klein. Wenn Sie heute vor Wut über eine Sache losbrüllen, so wird dieser Weg verstärkt. Ihre Freiheit, beim nächsten Mal nicht mehr loszubrüllen, wird minimal geringer. Machen Sie das regelmäßig, wird es zur Gewohnheit. Irgendwann sagt man dann, man sei eben so und könne es auch nicht ändern. „Der böse Charakter ist wie er ist", da sei man einfach machtlos! Aber das ist nichts weiter als eine Ausrede. Auch das möchte ich Ihnen hier beweisen.

Wir haben zwischen unseren Ohren den wahrscheinlich größten Computer der Welt. Das einzige Problem ist, dass uns niemand eine wirklich gute Gebrauchsanweisung mit auf den Weg gegeben hat. Diese möchte ich versuchen, in Form dieses Buches zu liefern. Allerdings ist es keine vollständige Gebrauchsanweisung. Dafür bedarf es mehr als eines Buches. Meistens muss man auch gar nicht so in die Tiefe gehen, da reicht ein mentaler Tritt in den Hintern. Die wenigsten Dinge benötigen eine tiefe Aufarbeitung. Oftmals genügt einfach der Blick nach vorne. Erfolg heilt viele Wunden. Sie werden sehen.

Zum einen reden wir von Techniken, die man uns leider nicht bereits in der Schule an die Hand gegeben hat. Mit einer funktionsfähigen Gebrauchsanweisung wäre einiges im Leben einfacher und schöner. Das Leben selbst ist nämlich ein harter Lehrmeister. Es stellt erst die Prüfungsfragen und erteilt dann erst den Unterricht. Zum anderen ist die Lehre vom erfolgreichen, glücklichen Leben in der Region im Gehirn zu finden, die wir umgangssprachlich das Herz nennen. Leider hören die Menschen viel zu wenig auf ihr Herz. Sie glauben, es würde ihnen Nachteile bringen. Aber was oftmals kurzfristig wie eine Katastrophe aussieht, birgt oft den größten Segen.

Machen wir uns also auf, unsere eigenen Gedanken und unsere Welt ein wenig besser zu verstehen. Und um es gleich vorwegzunehmen: Die Inhalte sind als einzelne Elemente nichts Neues. Die Anordnung dieser Elemente ist es teilweise; die Art, wie ich sie vermittle, ist es mit Sicherheit. Vieles haben Sie schon einmal gehört, wissen Sie irgendwie schon. Man hat es sich aber nie so bewusst, oder so zu Nutzen gemacht.

Ich freue mich jedenfalls, dass Sie sich mit diesem Buch auf den Weg machen wollen. Glauben Sie mir, auch wenn ich Sie nicht persönlich kenne, so freue ich mich doch für Sie, dass Sie bereit sind, zu den drei Prozent der Menschen zu zählen, die ihr Leben selbst in die Hand nehmen und gestalten wollen. Egal, von wo aus man startet und welche Schwierigkeiten einen erwarten können - Sie haben schon jetzt den meisten Menschen etwas voraus. Nur tun Sie mir einen Gefallen: Wenn Sie die Anregungen aus diesem Buch ausprobieren wollen und etwas nicht sofort klappen sollte, wenn auch der dritte, vierte, fünfte Versuch scheitern sollte, so geben Sie bitte trotzdem nicht auf – niemals!

Churchill sprach einmal in einer Rede vor einem großen Auditorium nur einen einzigen Satz: "Geben Sie nie, nie, nie auf!" Mehr sagte er nicht, sondern ließ die Menschen zunächst verärgert zurück. Doch es war das Wichtigste, was er zu sagen hatte. Es war das Mark seiner Weisheit und er wollte dieses nicht mit Geschwafel verwässern.

Aufgeben können Sie, wenn Sie tot sind. Wer aufgibt hat verloren. Wie oft kippt ein Fußballspiel in der Verlängerung? Ich möchte Ihnen in diesem Zusammenhang eine wichtige Frage stellen, die Sie sich bitte, bevor Sie weiter lesen, ehrlich beantworten: Wie viele Versuche geben Sie einem normalen Baby, bis es laufen kann? – Nun, sagen Sie nach dem zehnten Versuch: „Pass mal auf, Du kleiner Hosenscheißer, mit Dir wird das nix, ich kauf Dir jetzt einen Rollstuhl und da bleibst Du für den Rest Deines Lebens!"??? – „Nee", werden Sie gerade gesagt oder gedacht haben, „ein Baby bekommt so viele Versuche, bis es laufen kann!" Das ist eine magische Formel, die beste

Lebensweisheit überhaupt! Kein Wunder, dass wir alle laufen können.

Ich möchte jetzt nicht die immer wieder gern zitierten Helden der Vergangenheit erwähnen, wie beispielsweise Thomas Edison mit seinen über Tausend Versuchen, bis er die Glühbirne erfunden hatte. Oder Walt Disney, der 302 Banken aufsuchte, um seinen ersten Freizeitpark finanzieren zu können. Man muss ja nicht gleich ein weltweites Lebenswerk errichten, um glücklich zu sein – aber man kann. Und man kann auch sehr wichtig werden – für wenige Menschen, für die man dann die Welt bedeutet. Was wird einmal Ihr Beitrag zum Leben sein? Womit werden Sie die Menschen erfreuen? – Die Möglichkeit dazu ist Ihnen gegeben, allein, weil Sie hier sind. Alles Weitere liegt in Ihren Händen.

"Es gibt mehr Leute, die kapitulieren, als solche, die scheitern."
(Antoine de Saint-Exupéry)

TUN

Wie oft haben wir einen phantastischen Film gesehen, ein großartiges Buch gelesen oder etwas Anregendes gehört und waren so begeistert, dass wir sofort einiges ändern wollten oder sogar unsere Leidenschaft entdeckten. Es läuft doch immer nach dem gleichen Muster: Gleich am nächsten Tag will man loslegen. Doch einige Wochen später stellt man fest: Es ist nichts passiert! Warum? – Das war es doch, was Sie immer wollten. Sie haben ein Ziel gefunden, und sei es auch nur ein kleines, aber in jedem Fall ein für Sie sehr erstrebenswertes. Warum hat man dann nicht die Initiative ergriffen? – Ganz einfach. Weil Sie im Vorfeld Dinge in Ihr Gehirn gebrannt haben, die Ihnen jetzt ein bestimmtes Verhalten vorgeben, die Ihnen jetzt fast zwangläufig den Erfolg verbauen.

Dabei ist es das entscheidende Element am Ende der Kette auf dem Weg zum Erfolg. Wir müssen die Dinge, die wir uns vornehmen auch wirklich in die Tat umsetzen. Und nur, weil wir noch nicht wissen, wie es genau auszusehen hat, was wir tun wollen, ist das noch lange kein Grund, die Suche nach dem richtigen Weg zu stoppen und keine Testballons mehr zu starten. Wir werden von so vielen Dingen aufgehalten. Gründe, nicht starten zu können, gibt es genug. Glauben Sie ernsthaft, dass dies die Gründe sind, die uns aufhalten? – Es sind andere Dinge, die uns ausbremsen. Unser Gehirn schafft es aber erst im zweiten Schritt die Gründe zu erkennen.
Wir entscheiden keinesfalls frei, wenn wir heute doch nicht zum Training fahren, obwohl wir uns noch gestern gesagt hatten, dass wir heute fahren werden. Unsere Entscheidung, ob wir uns auf den Weg machen oder nicht, ist nichts weiter als ein Rechenprozess in unserem Gehirn, bei dem das Ergebnis direkt

auf Ihrem Cortex (der Großhirnrinde) landet. Eine Zehntelsekunde später glauben Sie lediglich, gerade eine Entscheidung zu treffen.

Unter anderem gleicht Ihr Gehirn allerdings die gegenwärtige Situation mit der Vergangenheit ab. Oder sollte ich besser sagen, mit Ihrer Sichtweise der Vergangenheit? – Deshalb fällt es dann auch leichter, eingefahrene Wege zu durchlaufen, als großartig Neues entstehen zu lassen.
Aber haben Sie nicht auch schon in der Vergangenheit bestimmte Dinge gerne liegen lassen? „Ja", werden Sie jetzt sagen, „aber die waren mir ja auch nicht so wichtig!" – Da irren wir oft jedoch gewaltig, weil hier Äpfel und Birnen zusammen kommen. Spätestens, wenn Sie am Ende dieses Buches angelangt sind, werden Sie anfangen, die Dinge, die Ihnen nicht wirklich wichtig sind, ganz zu lassen, und zwar mit aller Konsequenz. Und die Dinge, die Sie tun wollen, werden Sie mit Leidenschaft verrichten. Sogar die Tätigkeiten, die Sie eigentlich nicht so gerne machen, rücken plötzlich in ein neues Licht, wenn Sie für Ihre Ziele wichtig sind. Auch diese werden Sie dann mit einer bisher nicht gekannten Leidenschaft erfüllen.
Ganz nebenbei lernt Ihr Gehirn bei seinen Evaluationen lieber zu handeln, anstatt nach Ausflüchten zu suchen. Denn wo sonst fällt es so leicht, aktiv zu werden, wenn nicht bei Dingen, die wirklich Spaß machen. Dieses ist auch schon das erste Plädoyer in diesem Buch:

Tun Sie, was Ihnen Spaß bereitet!

Natürlich mit einer kleinen Einschränkung: Es sollte niemand dabei zu Schaden kommen.

Leichter gesagt als getan. Das muss man sich erst einmal leisten können. Wenn wir allerdings im Leben Erfolg haben wollen, egal in welchem Bereich, dann müssen wir auch Spaß dabei haben.

Egal, was Sie tun, es wird immer Menschen geben, die das missbilligen. Also, warum nicht gleich Spaß dabei haben? – Menschen, die Spaß an ihrem Beruf haben, werden immer besser sein als jene, die nur für das Geld arbeiten. Sie sind ausgeglichener. Sie schauen nicht auf die Zeit, wenn mal wieder Überstunden anstehen, ja sie merken nicht einmal, dass sie „über die Zeit" sind. Sie fragen auch nicht, wer das bezahlt, wenn sie mal wieder des Nachts mit einer Idee aufwachen und dann aufstehen, um sie aufzuschreiben.

Das soll auf keinen Fall heißen, dass Sie Überstunden machen müssen, um erfolgreich zu sein, zumal Erfolg etwas sehr Individuelles ist. Aber was sind dann Überstunden, wenn Ihnen der Beruf Spaß macht. Die Übergänge werden eher fließend verlaufen. Wer im Beruf aufgeht, der sucht nach Informationen über diesen, schaut Filme, liest, ohne dabei das Wort Fort-bildung auch nur in den Mund zu nehmen. Ich weiß, was Sie sagen wollen: „Schön, und wie krieg ich den Job?" – Vielleicht haben Sie ihn ja bereits und Sie haben es nur mit den Jahren vergessen. Die Dinge haben sich verändert und man hat verpasst, ihnen den eigenen Stempel mit aufzudrücken.

Manchmal können wir die Dinge aber nicht mehr als das erkennen, was sie einmal waren, weil andere, neu hinzu-gekommene Aspekte unsere Sicht verwässert haben. Aber ich kann Sie beruhigen. Sie haben bereits einen weiteren Schritt in die richtige Richtung unternommen. Es gibt keine Zufälle im Leben. Ihr Gehirn hat Ihnen dieses Buch zugespielt. Und da dies untrennbar mit Ihnen verbunden ist, scheinen Sie bereit für dieses Buch zu sein. Es ist egal, ob Sie nur Ihre Kenntnisse vertiefen, eine Reise in die menschliche Psyche erleben, oder doch etwas verändern wollen. Allein das Lesen dieses Buches wird seine Früchte tragen. Selbst wenn Sie nur eine Idee aus diesem Buch aufgreifen, wird das Ihr Leben tiefgreifend verändern.

Ich meine allerdings mit Aufgreifen das tatsächliche Umsetzen – also die praktische Umsetzung des Erkannten. Kann es sein, dass dies nicht das erste Buch dieser Art ist, das Sie lesen? – Was haben Sie mit den anderen Büchern gemacht? Wie viel haben Sie in Ihre Handlungen eingebaut und umgesetzt? – Es hängt sehr stark davon ab, welche Bedeutung Sie sich geben und welche Bedeutung Sie den Dingen geben.

Stellen Sie sich vor: ich habe zwei Kartons mit gleichem Inhalt, nämlich Spanplatten, Schrauben und Holzdübel. Ich suche mir zwei Menschen aus und werfe jedem von ihnen einen der Kartons vor die Füße. Da liegen die Teile nun, vor den Füßen eines jeden dieser beiden. Es ist ihre Entscheidung, was sie damit anfangen.
Der erste studiert die Einzelteile aufmerksam, sammelt dann alle Schrauben aus dem Haufen und repariert damit seinen wackelnden Stuhl. Der zweite weiß sein Material ganz anders zu nutzen: Er lässt die paar Schrauben liegen und wirft Spanplatten und Holzdübel in den Kamin, damit es mollig warm wird. Sie denken jetzt vielleicht, ich könnte den beiden zeigen, wie man daraus einen tollen Schrank baut oder Ähnliches. – Fehlanzeige! Ich weiß nicht, wie man diese Schränke baut. Ich weiß aber, wie man in den Zustand gelangt, um best- und schnellstmöglich herauszufinden, was man alles daraus bauen möchte – und diese Ideen auch tatsächlich realisiert.
Was am Ende dabei herauskommt, ist an dieser Stelle vollkommen egal, denn es möchte sowieso jeder etwas Anderes. Wichtig ist doch nur, was dieses Projekt aus Ihnen macht, wenn Sie sich auf den Weg (die Bauphase) begeben. Denn das, was Sie dabei lernen, kann Ihnen keiner mehr nehmen. Das ist es, was uns wirklich glücklich machen wird. Das Ziel, wie auch immer es aussieht, ist eine ganz andere Geschichte.

Denken Sie jetzt bitte nicht, ich räume dem „Ziel" weniger Gewicht ein, ganz im Gegenteil. Ohne Ziel fehlt die Richtung, fehlt die Motivation.

Das Streben nach dem Glück

Egal was wir tun, unsere Motivation dahinter ist immer das Streben nach dem Glücklich sein. Nur wie stellt man es richtig an? – Jeder hat so seine eigene Theorie und Erfahrung. Jeder handelt irgendwie anders.
Offensichtlich gibt es Tausende von Sichtweisen. Tatsächlich haben wir alle aber ein Gehirn, das bei allen nach den gleichen Prinzipien funktioniert. Bei den einen schneller, als bei anderen, bei manchen auf Umwegen. Aber am Ende gibt es ein paar Grundregeln, eine Art Handbuch, das für alle gleichermaßen gilt. Und diese Gebrauchsanweisung führt Sie zu einem Ziel: Glücklich sein!

Sie können diese Prinzipien nutzen, um reich zu werden, um sportliche Erfolge zu erzielen, gesünder zu leben (was dann wiederum seine positive Wirkung auf die Psyche entfaltet), bessere zwischenmenschliche Beziehungen zu pflegen, oder was immer Ihnen am Herzen liegen mag. Sie tun das jedoch nie aus einem Selbstzweck. Sie wollen ja auch kein Geld, weil sie die bunten Bilder darauf so toll finden. Sie wollen das Geld, weil es Ihnen etwas Anderes gibt. Sie sagen jetzt vielleicht, es gibt Ihnen ein Auto, ein Haus oder Anderes, aber auch diese Dinge sind nur Mittel zum Zweck.
Die wahren Ziele, die dahinter stehen, sind Werte, wie Sicherheit, Geborgenheit, Freiheit – eben das Streben nach dem Glück. Doch hinter dem Glück steht (unter Anderem) ein Gut, das dieses erst ausmacht: Liebe. Ohne Liebe gibt es kein dauerhaftes Glücksgefühl. Und an dieser Stelle wird vielleicht das erste Mal deutlich, warum ich dieses Buch das „Herz Prinzip" nenne.

Kritiker könnten spätestens jetzt rebellieren: „Ich kann auch ohne Liebe glücklich sein!" Ja, aber nur bis zu einem gewissen Punkt. Jeder holt sich auf seine Art sein Quäntchen Liebe ab. Etwas eigentümlich sind oftmals nur die Mittel oder die Wege, die dafür gewählt werden. Was ist Glück? Jeder definiert „Glücklich sein" anders. Was für den Einen Glück bedeutet, kann dem Anderen langweilig erscheinen.

Allerdings verwechseln viele Glück mit positivem Zufall. Wenn jemand im Lotto gewinnt, dann können wir wohl nicht umhin, vom glücklichen Zufall zu sprechen. Aber wie ist es denn sonst, wenn einer beharrlich um eine Sache kämpft, wo andere längst aufgegeben haben? – Wenn dieser Mensch nun eines Tages Erfolg hat, ist es dann wirklich Glück? – „Der hat doch nur Glück gehabt!", scheint doch eher eine Aussage derer, die nicht die Arbeit sehen können, die hinter dem Erfolg eines anderen steckt. Erlauben Sie mir an dieser Stelle folgenden passenden Ausspruch:

„Die meisten Menschen sehen nur das Blumenbeet, aber nicht den Spaten."

Wenn man glücklich ist, hat man dann Glück? – Es ist viel geschrieben und auch viel gesagt worden über das Glücklich sein. Manch einer mag davon nichts hören, gibt sich gern als Morgenmuffel und klagt sein Recht schlechtgelaunt ein: "Ich bin halt gerne schlecht gelaunt!" Ist das nicht schon ein Widerspruch in sich? Wenn ich etwas gerne bin, tue oder fühle, egal wie schmerzhaft es sein mag, dann ist dieses für mich ein erstrebenswerter Zustand. Erstrebenswerte Zustände werden aber beim Erreichen vom Gehirn mit der entsprechenden Ausschüttung von Glückshormonen belohnt. So funktioniert nun einmal unser Gehirn. – Aha, also doch ein Glücksjunkie!? Aus welchem Grund auch immer, aber zu der Gestaltung von Gründen kommen wir noch.

Und was ist mit dem Morgenmuffel? – Eine klare Vermeidungs-strategie! Als Kinder waren wir doch in der Regel nicht so; wir sind aus dem Bett gehüpft, zumindest, wenn ein besonderer Tag war. Das funktioniert auch bei den Großen so. Phrasen wie „Lass mich in Ruhe, ich habe noch nicht geduscht, brauche erst meinen Kaffee, brauche erst mal ne halbe Stunde für mich" etc. entspringen doch allesamt dem zum Teil resignierten Erwachsenendasein.

Die gleichen Personen, die beispielsweise nicht vor 7:00 Uhr angesprochen werden wollen, können wahre Meisterleistungen vollbringen und zu echten morgendlichen Menschenfreunden werden, wenn sie morgens um 6:00 Uhr am Flughafen sein müssen, um in den lang ersehnten Urlaub zu fliegen. Warum können sie dann aber zu anderen Zeiten nicht gut aufstehen? – Nun, sie haben es irgendwann so für sich festgelegt. Sie gebrauchten den Morgenmuffel als Ausrede für die verschiedensten Dinge.

Nun haben wir ja bereits gehört, dass das Gehirn wahre Meisterleistungen vollbringt, wenn es um das Merken von Ereignissen geht. Jede Bewegung in eine Richtung schärft das Gehirn in eben diese. Tatsächlich haben wir unser Potenzial in keine Richtung voll ausgeschöpft. Das Gehirn wartet förmlich auf Input, es lebt sich dabei aus und verändert sich, je nach Eingabe in die eine oder andere Richtung. Und das in jeder Sekunde der Wahrnehmung.

Am deutlichsten zeigen sich die Möglichkeiten und Funktions-weisen unseres Gehirns, wenn ein Mangel auftritt, in Form einer körperlichen oder psychischen Krankheit. Ein Mensch, der erblindet, konzentriert sich nun unter anderem stärker auf sein Gehör. Er wird schon nach kurzer Zeit ein viel feineres Gehör bekommen, als jeder, der sich in erster Linie auf seine Augen verlässt. Selbst wenn Sie nur für kurze Zeit versuchen, im Dunkeln klarzukommen, legen sich in Ihrem Gehirn bereits erste, ganz neue Verbindungen. Jede Aktion, die Sie tätigen, schafft eine Reaktion. Wenn auch nicht im Außen, dann doch immer im Innern. Sie sind am Ende derjenige, der unter den Folgen, die durch Ihr eigenes Denken und Handeln bewirkt werden, am meisten leiden muss.

Wenn Sie also oft oder vehement genug eine Sache behaupten, werden Sie sie bald auch selbst glauben und der Geist wird alles tun, damit es dabei bleibt. In Zukunft wird sich also der gerade erst selbst ernannte Morgenmuffel zwangsläufig am Morgen immer schlechter fühlen. Kommt dann früh morgens etwas auf ihn zu, was er unbedingt tun will, dann schaltet er seine eigene Vernunft ab und lässt den Körper sprechen. In diesen Fällen findet das Gehirn schnell Ausreden, um Ausnahmen von der Regel zu rechtfertigen: „Das ist ja etwas ganz Anderes!", und schon ist Ihre Welt wieder in Ordnung, zumindest dann, wenn man nur nicht weiter darüber nachdenkt. Kennen Sie solche Dinge auch von sich? – Natürlich nicht! Aber bestimmt kennen Sie jemanden, der jemanden kennt.

Warum aber soll man denn nun überhaupt ständig glücklich sein? – Um es gleich vorweg zu nehmen: dazu ist niemand in der Lage. Es gibt genug unschöne Situationen im Leben, die nicht spurlos an einem vorbei gehen. In solchen Momenten sind wir niedergeschlagen, verzweifelt, am Boden zerstört. Aber das gehört nun einmal zum Mensch sein dazu. Wir können und wollen solche Situationen nicht einfach wegdenken. Auch das formt uns und lehrt uns Demut, Einfühlungsvermögen und die Erkenntnis, dass wir nicht ewig Zeit haben, bis wir loslegen sollten. Meist gehen wir gestärkt aus solchen Situationen hervor.

Manchmal können Menschen nicht aufhören, zu trauern (gerade beim Verlust eines geliebten Menschen). Irgendwann trauern sie nicht mehr wegen der Ereignisse, sondern weil sie trauern. Das Gehirn hat dies bereits tiefgreifend gelernt und kommt nicht mehr von alleine aus dieser Schleife heraus. Es gibt allerdings Hunderte von Wegen, die aus solchen fest gefahrenen

Situationen heraus helfen. Lange Sitzungen beim Psychologen, womöglich über Jahre, sorgen allerdings in erster Linie für ein volles Portemonnaie des Helfers. Sie müssen diese Schleife so schnell wie möglich verlassen, bevor immer mehr Verbindungen im Gehirn diese Denkstruktur verstärken.

Es gibt allerdings auch den Typ Mensch, der sagen wird: „Ja und, ich leide, aber mir geht es doch noch gut dabei!" Es ist ein Phänomen, sein Leid zu jeder Gelegenheit vorzutragen, so dass die Menschen im Umfeld es irgendwann nicht mehr hören können. Dem werden wir uns widmen, wenn wir zu den Kernbedürfnissen kommen. Die Lösung, aus einem „Jammertal" herauszukommen, wird Ihnen dann aber auch bereits ziemlich simpel erscheinen.
Die meisten Dinge sind gar nicht so kompliziert, es sei denn Sie leisten sich einen teuren Berater. Der wird Ihnen dann schon erklären, warum Sie ihn über einen längeren Zeitraum brauchen werden.
Das ist natürlich nicht immer so. Aber es verwundert mich, wie abhängig manche Firmen oder einzelne Personen von Beratern und Coachs oder auch ihrem Psychologen sind. Mir scheint es oftmals so, als behielten sie ihr Wissen für sich – und gäben immer nur gerade so viel heraus, um ihre Tätigkeit zu rechtfertigen, aber immer noch benötigt zu werden. Manchmal werden Situationen auch komplizierter dargestellt, als sie tatsächlich sind. Natürlich müssen Veränderungsprozesse in den meisten Fällen begleitet werden, um den größtmöglichen Effekt zu erzielen. Oftmals jedoch hängen Patienten jedoch viel zu lange im Problem, statt auf dem Lösungsweg fest. Da bedarf es guter Coachs, die einen auf Kurs halten.

Nun zurück zu unserer Frage. Warum ist es wichtig, glücklich zu sein? – Wenn man glücklich ist, hat man die bessere Hormonausschüttung, was bedeutet, dass man gesünder lebt und die Abwehrkräfte stärker sind. Man ist nicht mehr so anfällig. Das schlägt sich natürlich auch in den Aktivitäten nieder: Körper und Geist sind sich gegenseitig, wie auch gleichzeitig beeinflussende Mitspieler eines Gesamtsystems.

Wenn ich vor der Entscheidung stehe, ob ich mich noch zum Sport aufraffe oder nicht, sucht das Gehirn nicht nur nach Werten und Glaubenssätzen (immer auf Basis der eingeschliffenen Bahnen). Ein wichtiger Faktor ist auch das körperliche Befinden. Habe ich noch genug Energie, dann kann es passieren, dass ich mich einmal mehr dafür entscheide, doch noch loszulegen. Gleichzeitig verstärkt sich diese Entscheidung wiederum im Gehirn für alle zukünftigen Aktivitäten.

Dieselbe Dialektik finden wir auch in der Kommunikation, wo sich zwei Menschen im Dialog gegenseitig befruchten, wechselseitig ihre Gedanken voran treiben und zu neuen Einsichten gelangen, wie wir später noch sehen werden.

Wer glücklich ist, hat eine andere Ausstrahlung. Kennen Sie den typischen frisch Verliebten? Bisher eher Durchschnitt im Umgang mit Menschen, ist er auf einmal freundlicher, grüßt auch da, wo er vorher bestenfalls nur gemurmelt hat. Der Glückliche zieht die Menschen an. Wer setzt sich auf einer Feier schon gerne zu einem Muffel, der einem womöglich noch den ganzen Abend verdirbt? – Nein, wir fühlen uns magisch angezogen von Menschen, die glücklich sind. Der Glückliche erlangt die Aufmerksamkeit, weil er besser mit Menschen umgeht. Er strahlt die Zuversicht aus und gewinnt so schneller das Vertrauen seiner Umgebung. Das ist ein weiterer Grund dafür, warum er in der Lage ist, bei Auseinandersetzungen oder Verhandlungen ein für alle Seiten zufriedenstellendes Ergebnis zu erzielen. Das liegt aber auch daran, dass sich der Glückliche in der Situation nicht mehr unbedingt selbst beweisen muss.

Glück und Vorfreude liegen nah beieinander. Glücklich ist, wer einen gewünschten Zustand erlangt oder erreicht hat. Der Mensch ist zum Beispiel glücklich, wenn er Weihnachten mit seinen Liebsten verbringt und Harmonie herrscht. Dann empfindet man Glück. Gleichsam wird aber auch die Vorfreude auf dieses Ereignis mit positiver Hormonausschüttung belohnt - Ein Plädoyer für das spätere Kapitel „Ziele"! Durch den ausgeglichen, positiven Hormonhaushalt schlafen wir außerdem ausgeglichener. Auch das hat wiederum eine Rückwirkung auf unser Empfinden.

Sie sehen also, dass es sich lohnt, für das Glück zu kämpfen. Leider ist Glück nicht beständig, es ist eine sehr flüchtige Gefühlslage. Die Kunst besteht darin, diese Momente zu mehren und deren Länge auszudehnen. Wie das zu bewerkstelligen ist, werden wir nach und nach betrachten. Gerade darum möchte ich Ihnen an dieser Stelle bereits eine wichtige Frage stellen:

Sind Sie glücklich?

Natürlich möchte ich Ihnen nichts unterstellen. Aber Antworten wie die folgenden höre ich häufig: „Schon, aber ..." oder „Ach, was heißt schon glücklich ...".

Ja, was heißt „glücklich" überhaupt? Und warum sind es nur so wenige, die der Frage nach dem Glück ein frisches, klares Ja ohne Wenn und Aber entgegen lächeln?
Sicher ist Ihnen das auch schon mal passiert: Sie haben einen richtig guten Tag, an dem alles stimmt - Es geht Ihnen rundum gut! Sie treffen einen Freund oder eine Bekannte und werden gefragt: „Wie geht es dir?" – „Sehr gut, danke", antworten Sie. Ihr Gegenüber schaut Sie mit großen Augen an und fragt: „Was ist passiert?"
Haben Sie sich vielleicht sogar selbst schon einmal dabei ertappt, jener Freund oder jene Bekannte zu sein? Warum akzeptieren wir es als Normalzustand, dass es uns oft nicht gut, nicht wirklich gut geht? – Nun, würden wir uns den ganzen Tag damit vertreiben, uns Stecknadeln in die Hände zu pieken, so

ungesund zu leben und zu essen wie nur möglich, würden wir den Partner, den wir lieben, mit Absicht so lange verletzen, bis er uns verlässt, bei der Arbeit so viel Mist bauen, bis man uns kündigt, dann müssten wir uns wirklich nicht wundern, wenn es uns schlecht erginge und wenn wir nicht glücklich wären.

Aber wir verbringen unsere Tage anders. Und zwar mit dem genauen Gegenteil. Wir tun alles dafür, damit es uns gut geht. Zumindest denken wir, dass wir das auf Basis unseres Wissens tun. Oder anders gesagt: Unser gesamtes Handeln – ohne auch nur eine einzige Ausnahme – ist darauf ausgerichtet, dass uns die Ergebnisse des Handelns gut tun und glücklich machen. Bei Handlungen wie Sex oder Geldverdienen wird so schnell wohl niemand widersprechen. Aber wie sieht es mit so trivialen Dingen wie Haare kämmen aus? – Macht uns Haare kämmen glücklich?
Das ist eine interessante Frage. Wir tun es zumindest in der Absicht, dem Glück mit gekämmten Haaren ein Stück näher zu kommen. Gekämmte Haare zeigen meinem Gegenüber, dass ich ein gepflegter Mensch bin. Dafür erhalte ich Wertschätzung. Und die wiederum macht mich glücklich. Nur die Wenigsten stehen morgens auf und sagen: „Ich liebe es, mir erst einmal die Haare zu kämmen". Es ist wohl eher so, dass man mit dem Haarstyling seinen Typ ausdrücken möchte, sich dabei wohl-fühlt. Manch anderer macht das vielleicht auch nur, um nicht komisch angeguckt zu werden. Nach dem Motto: „Was ist denn mit Dir passiert? In die Steckdose gefasst?" – Solche Situationen gilt es natürlich unbedingt zu vermeiden.

Halten wir also fest: Obwohl unser gesamtes Handeln dem Zweck dient, uns glücklich zu machen, sind viele Menschen dennoch nicht glücklich. Nicht oft genug, nicht lang genug, nicht glücklich genug. Wären wir den ganzen Tag damit beschäftigt, Alkohol zu trinken, wären wir den ganzen Tag betrunken. Tatsächlich aber sind wir den ganzen Tag damit beschäftigt,

Glück zu „produzieren", sind aber trotzdem nicht den ganzen Tag lang glücklich. Viele werden jetzt sagen, sie seien nicht damit beschäftigt, Glück zu produzieren! Deshalb noch das Folgende:

So unfair der Unterschied zwischen Alkohol und Glück auch ist, so einfach ist er zu erklären: Glück lässt sich anscheinend wesentlich schwerer produzieren als ein alkoholischer Rausch. Alkohol trinken wir, um einen besseren Zustand zu erlangen, ganz gleich, ob wir betrunken werden oder einfach nur das Gefühl des Genusses erleben wollen. Diese Tatsache macht deutlich, warum es keine Nachfrage nach „Sauf-Trainern" gibt. Jeder kann saufen, niemand braucht eine Anleitung dazu. Sie macht aber auch deutlich, wie hoch die Nachfrage nach Menschen ist, die anderen Menschen zeigen können, wie sie glücklich und somit erfolgreich werden.

Mann kann allerdings auch in bestimmten Gebieten, wie beispielsweise im Beruf, erfolgreich sein und trotzdem auf ganzer Linie unglücklich. Wer aber auf ganzer Linie glücklich ist, der ist auch zumindest auf dem besten Wege, in allen Bereichen des Lebens erfolgreich zu sein.

Sie selbst werden sich im Laufe dieses Buches ein eigenes Bild vom Glück schaffen, denn im Folgenden werden wir ganz unterschiedliche Lebensbereiche betrachten. Dabei geht es einzig darum, eine Gebrauchsanweisung für unser Gehirn zu erstellen. Und alles zu einem Zweck: Wir wollen dem großen Glück im Leben näher kommen und somit wirklich erfolgreich sein. Sie werden den einzelnen Kapiteln unterschiedliche Gewichtungen geben und so am Ende Ihren persönlichen Weg zu mehr Glück beschreiten. Auf dem Weg dorthin werden in Ihrem Gehirn lediglich ein paar kleine Veränderungen stattfinden, die weitreichende Folgen haben werden.

Kernbedürfnisse

Es gibt Menschen, die wissen, was zu tun ist, um Glück und Erfolg im Leben zu erlangen. Sie haben alles darüber gelesen und sind auch aktiv geworden. Alles scheint gut zu laufen, alles stimmt. Dann passiert etwas für sie Einschneidendes und sie können nicht mehr weitermachen, als wäre nichts geschehen. Sie wissen zwar auch weiterhin, was zu tun ist. Sie verfügen über das Know-how, wie sie sich konditionieren können, versuchen es, aber es klappt nicht mehr.

Manche Menschen kennen ihre Werte und Ziele und haben das größte Selbstbewusstsein. Und trotzdem kommt der Moment, wo Sie vollkommen entgegengesetzt handeln. Irgendetwas drängt sie in eine vollkommen andere Richtung. Wie in einer Kurzschlusshandlung werfen sie all Ihre Bekenntnisse über Bord. Oftmals schon kurze Zeit später können sich viele Ihr Verhalten bereits nicht mehr erklären.

Es hat mich lange beschäftigt, zu verstehen, warum das so ist. Ist man einfach nur trotzig? Gewinnt irgendeine Angst Oberhand? – Wir kommen hier an den Punkt der Kontrolle. Wer oder was übt letztendlich die Kontrolle über das System in unserem Gehirn aus?

Ich habe lange nach einem einfachen Modell gesucht, welches das bestehende System voll integriert und gleichzeitig Antworten auf meine Fragen bietet. Wieder einmal geht es nicht um etwas völlig Neues, Fremdartiges. Auch hier lässt sich mit alt Bewährtem und uns allen Bekanntem arbeiten.

Der einzige Trick liegt wieder einmal in der Darstellung. Wir müssen nur bereit sein, in den bekannten Dingen das Besondere zu erkennen: Die etwas andere Sichtweise einzunehmen, um dem Ziel wieder ein Stück näher zu kommen.

Meist sind es die einfachen Dinge, die uns am weitesten bringen. Auch hier sprechen wir von einem einfachen und effektiven Modell, das uns helfen wird, den Weg bis ins Ziel zu gehen.

Ich möchte noch ganz kurz sicherstellen, dass Sie den Begriff Modell auf die gleiche Weise wie ich verstehen. Wir neigen sehr schnell dazu, unsere Wissenschaft als wirklich zu betrachten. Tatsächlich sind die Beschreibungen der Welt nichts weiter als Modelle. Selbst unsere Physik ist nur ein Modell, um die uns umgebende Welt zu beschreiben. Es ist ein sehr effektives - aber trotzdem nur ein Modell. Der absoluten Wirklichkeit ist die Physik vielleicht genauso fern, wie die meisten unserer anderen Wissenschaften. Die absolute Welt können wir Menschen nicht erfassen, weil sich unser Gehirn noch gar nicht darauf ein-gestellt hat. Unser Gehirn hat die Welt in Relation zum eigenen Verhalten kennen gelernt, aber nicht, wie sie unabhängig vom Beobachter funktioniert. Wie sollen die vom Gehirn erdachten Wissenschaften etwas beschreiben können, was vom Gehirn nicht erfasst werden kann?
Deshalb müssen wir uns jedem Modell zuwenden, das uns für die Bewältigung unserer eigenen Aufgaben nützt (ohne anderen zu schaden). Ein solches ist unser **Kernbedürfnis-Modell**. Es hat sich gezeigt, dass es uns Lösungen in alle Richtungen bietet. Und wir können hiermit jede Lebenssituation auf sehr einfache Art beschreiben, so dass wir kurze Wege gehen.

Ich möchte einen Zusammenhang zwischen diesen Bedürfnissen aufzeigen. Dieser ist genauso wichtig wie die Bedürfnisse selbst. Insgesamt handelt es sich um sechs Kernbedürfnisse. Davon stehen die ersten vier in einem Grundverhältnis. Diese ersten vier Bedürfnisse gelten gleichermaßen für alle Menschen auf der ganzen Welt. Deshalb möchte ich mit ihnen beginnen.

1. Sicherheit

Sicherheit gilt als das erste Kernbedürfnis, weil es der Basisaufgabe des Gehirns (Dieser Organismus muss überleben) am nächsten kommt.

Stellen Sie sich ein paar alltägliche Probleme vor, wie beispielsweise einen Streit mit dem Nachbarn, Ärger mit dem Auto oder Schwierigkeiten mit Freunden. – Was geschähe mit den Problemen, wenn morgen Krieg ausbrechen würde? – Was würde aus einem Streit, wenn unter Ihnen die Erde anfinge zu beben?
Das sind Extreme, die jedoch deutlich zeigen, was uns wirklich wichtig ist. Wir alle streben nach Sicherheit! Was wäre, wenn Ihre Bank heute pleite ginge und Sie nicht wüssten, ob Sie Ihr Geld jemals wieder sähen? - Oder Ihre Firma stünde vor dem Aus! Alles das weckt in Ihnen das Grundbedürfnis nach Sicherheit, das zwar immer da ist, von dem Sie aber nicht viel merken, solange alles in Ordnung scheint.
Wir brauchen ein gewisses Maß an Sicherheit im Leben, um überhaupt ein Gefühl wie Glück empfinden zu können. In Zeiten der Unruhe suchen viele Menschen ihre Sicherheit in Ihrem Glauben. Er ist für viele der letzte Halt, er zeigt aber auch, dass selbst in scheinbar ausweglosen Situationen noch nach Halt gesucht wird.

Fragen Sie sich einmal, wie Sie selbst das Gefühl von Sicherheit erlangen oder vermitteln. Für viele Menschen bedeutet ein eigenes Haus Sicherheit. Ein volles Bankkonto oder ein sicherer Arbeitsplatz bieten vielen die notwendige Sicherheit. Manch einer sieht eher die eigene Familie als den sicheren Rückzugsort. Wie geht es Ihnen?

Wie aber fühlen Sie sich, wenn Sie vollkommene Sicherheit erlangt hätten? – Sie hätten ein Haus, alles stimmt. Sie wären verheiratet. Sie kannten Ihre Partnerin/ Ihren Partner genau. Nichts könnte Sie mehr überraschen. Sie wüssten exakt, was passieren würde, wenn Sie morgens aufstünden und wenn Sie abends nach Hause kämen. Sie würden zu Hause immer mit den gleichen Worten begrüßt. Es drehte sich in Ihren Gesprächen immer um dasselbe. Sie führen jedes Jahr in denselben Urlaubsort, dasselbe Hotel. – „Da weiß man, was man bekommt." Ihr Leben wäre bis ins Kleinste geplant, bis über Ihren Tod hinaus.

Nichts könnte Sie mehr erschüttern, alles erschiene vorausgeplant. Wäre das nicht schöne heile Welt, absolute Sicherheit? Was, Sie wären nicht glücklich? Sie wären gelangweilt?! – Genau das ist es, was uns ebenfalls im Leben immer wieder begegnen kann und das uns zum nächsten Grundbedürfnis führt:

2. Abwechslung

Haben wir über einen gewissen Zeitraum kein Mindestmaß an Abwechslung erlebt, brechen wir aus. Wir erkennen unbewusst die Gelegenheiten, die uns die Sehnsucht nach Abwechslung erfüllen, selbst wenn diese gegen unsere Werte verstoßen.

Dabei spielt das subjektive Maß eine wichtige Rolle. Das ist bei allen Werten so. Ein Programmierer sieht es wahrscheinlich schon als Abwechslung an, wenn er sich mittags mit den Kollegen in der Küche beim Kaffee unterhält, während ein Künstler auf der Suche nach Inspiration schon verzweifelt, wenn er nur drei Tage am selben Ort verweilt.

Nun werden Sie selbst vielleicht sagen, dass Sie keine Abwechslung bräuchten. Das bedeute für Sie Unsicherheit und das passe ja nun gar nicht. Ich möchte daher an Sportereignisse erinnern. Nehmen wir zum Beispiel den Fußball. Ich wette, Sie wollen nicht schon am Anfang der Saison wissen, wie jedes Spiel ausgeht. Nun gut, wenn Sie der einzige wären, könnten Sie eine Menge Geld mit Wetten verdienen. Aber die würde es nicht mehr geben, wenn alle Ergebnisse im Vorfeld feststünden und bekannt wären.

Ich frage mich, ob es ohne Unsicherheit und Abwechslung überhaupt noch sportliche Wettkämpfe geben würde. Sie sehen, dass wir uns ein ganzes System geschaffen haben, um diesen Gefühlen in unserem Alltag regelmäßig zu begegnen.

Wie fühlen wir uns dann aber, wenn wir nun zu viel Abwechslung erlebten? Stellen Sie sich vor, Sie wachen morgens auf und wissen nicht, wer da neben Ihnen liegt. Manchen mag das ja noch normal vorkommen. Aber stellen Sie sich vor, der ganze Tag ginge so weiter. Sie gingen zur Arbeit und wüssten nicht, ob Sie heute noch oder wieder Arbeit hätten. Sie wollten Geld abheben und Sie wüssten nicht, was Ihre Kreditkarte heute noch wert sei.

Manche Menschen wachen morgens auf und die Mauer, die sie gestern Abend noch vor Wind und Kälte schützte, ist heute nicht mehr da. Die Straßen von gestern sind über Nacht weg gebombt. Soldaten im Krieg haben manchmal über lange Zeit ihr Sicherheitsempfinden verloren. Sie erleben zu viel Abwechslung in dem, was da auf sie zukommt – auch weil sie viel zu wenig Vorbereitung darauf bekommen. Jeder geschulte Beobachter versteht, wonach das Gehirn strebt. Es versucht sich auch hier mit aller Macht das Gefühl von Sicherheit zurückzuholen, entgegen aller Werte, wenn es sein muss!

Sie sehen, dass unsere ersten beiden Kernbedürfnisse in einem direkten Verhältnis zueinander stehen. Sie bedingen einander wie die Pole.

Sicherheit < = > Abwechslung

3. Liebe / Verbundenheit

Bereits im zarten Babyalter erkennen wir, dass wir ein eigenständiges Individuum sind. Mit der Erkenntnis „ich bin" beginnt das Buhlen um Liebe, die bedingungslose Annahme und Zugehörigkeit. Oder vielleicht doch schon vorher? – Wenn ich noch keine Trennung zwischen mir und meiner Umgebung erkenne, dann ist doch alle Liebe, die ich erwarten kann, in mir selbst, da ich ja Teil des Ganzen bin. Tatsächlich aber ist das Verlangen nach Liebe von Anfang an da. Babys, die keine Zuwendung erhalten, haben eine um ein Vielfaches höhere Sterblichkeitsrate.

Sollten Sie dieses Bedürfnis über einen längeren Zeitraum nicht wenigstens teilweise befriedigen, haben Sie ein Problem. Sie werden unzufrieden, depressiv und vielleicht noch viel mehr. Liebe ist ein urelementares Grundbedürfnis des Menschen. Fast alles, was wir tun, findet seinen tieferen Grund in der Suche nach Liebe. Wenn Sie nur lange genug wie ein kleines Kind mit seinen „warum" alles hinterfragen, dann werden Sie bei offenen Gesprächen mit sehr großer Wahrscheinlichkeit als letzten Grund für eine Handlung das Wort Liebe hören.

Wann empfinden Sie Liebe? Glauben Sie nicht, dass hier jeder das Gleiche sagt. Hier gibt es so vielfältige Antworten wie bei allen anderen Kernbedürfnissen auch. Mancher empfindet Liebe, wenn die Mutter anruft, um zu hören, ob alles gut sei. Manche Menschen empfinden Liebe, wenn sie nach Hause kommen und die Familie schon in der Tür wartet. Bei einigen Menschen muss mehr passieren und sie brauchen echte Liebesbeweise – wir wissen an dieser Stelle bereits, dass es sich dann um ihr persönliches Liebes-Ritual handelt.
Es geht aber hier genauso um Verbundenheit – zur Familie, den Freunden, Verwandten, Arbeitskollegen, Nachbarn, Kunden und Lieferanten. Wir suchen die Nähe der anderen. Aber zu viel

Nähe kann uns auch eine Menge nehmen, wie das folgende Beispiel zeigt: Als Erwachsene erfahren wir die Liebe (die tiefste Form der Verbundenheit) am leichtesten in einer Beziehung. Wenn man nun in einer engen, festen Beziehung steckt, dann führt das oftmals zur Einschränkung der eigenen Identität. Es kommen die Fragen nach der besseren Hälfte, man hat gemeinsame Auftritte, man identifiziert sich über die Partnerin, den Partner. Dabei geht schnell ein Stück weit die eigene Identität verloren. Es ist aber wichtig, dass beide Partner sich hier selbst in einer Beziehung wieder finden und dabei die eigenen Ideale verwirklichen. Hier kommt ganz stark durch, dass aus der Liebe auch bald eine Partnerschaft werden muss, bei der man den anderen in seinen Bestrebungen unterstützt – selbst dann noch, wenn man nicht alle Vorlieben teilt. Tut man das nicht, dann kommt es über Kurz oder Lang zu einer Identitätskrise.

Wir benötigen unsere eigene Identität. Wir brauchen Bedeutung – das Gefühl, wichtig zu sein. Wir suchen dabei auch in gewissen Maßen nach Einmaligkeit. Wer kennt nicht die Schwierigkeiten einer ganzen Generation, in der die Bedeutung der Frau vollkommen untergegangen war. Irgendwann wollten die Frauen sich nicht mehr mit ihrer weiblichen Rolle hinter dem Herd zufriedengeben und fragten: „Was ist mit mir? Wer bin eigentlich ich? Was ist meine Bestimmung im Leben?"

Hier liegt die Schwierigkeit dieser beiden Gefühle: Liebe beziehungsweise Verbundenheit und Identität bedingen einander nicht selbstverständlich. Manche Menschen geben sich vollkommen für die Liebe auf, um eines Tages festzustellen, dass sie mit nichts dastehen. Aber auch diese Partner haben sich einmal als eigenständige Persönlichkeiten kennen gelernt, die einander umwarben (jedenfalls meistens). Wer sich fortan aber in der Partnerschaft verliert, ist verloren. Denn nur wer sendet, kann empfangen werden. Das soll heißen, dass Sie nicht mehr beachtet werden, wenn nichts mehr da ist, wofür sich ein Blick lohnt (aus welchem Grund auch immer). Manche Menschen tauchen so in ihrer kleinen Welt unter, dass sie außerhalb dieser Welt kaum wahr genommen werden. Sie sind verbunden in einem anderen System. Zu viel Verbundenheit mit etwas sorgt dafür, dass wir uns auf dieses Etwas fokussieren und außerhalb dessen nicht wahr nehmen und folglich auch nicht wahr genommen werden. Wer aber Beachtung erlangen möchte, muss Beachtung geben. Je mehr Beachtung Menschen aus verschiedenen Richtungen bekommen, desto bedeutender sind sie in aller Regel. Wir erkennen jetzt schon das vierte Kernbedürfnis - die Bedeutung.

4. Bedeutung

Als ich 20 Jahre alt war, tauchte ein Kerl in unserer Clique auf, der Feuerwehrmann bei der freiwilligen Feuerwehr war. Eigentlich war er ganz in Ordnung. Mit ein paar komischen Eigenarten versehen, passte er doch ganz gut zu uns. Wir alle hatten uns ja auch als ganz anders verstanden als alle anderen – als etwas Besonderes eben. Ich erinnere mich noch genau an den Tag, als der große Brand in Burgdorf war. Unser Feuer-wehrmann war mittendrin. Der Gute hatte wie alle anderen Feuerwehrmänner richtig was geleistet und wir waren sehr neugierig geworden. Mit unseren Fragen hielten wir ihn in den nächsten Tagen immer wieder dazu an, die Einzelheiten seines Einsatzes zu erzählen. Er stillte unsere Neugier, gab außerdem noch Anekdoten aus früheren Einsätzen zum Besten und genoss es sichtlich, im Mittelpunkt unseres Interesses zu stehen.

Irgendwann hatten wir keine Fragen mehr und er noch jede Menge zu erzählen. Wir verloren den Spaß am Zuhören und er fing an, uns mit seinen Berichten auf die Nerven zu gehen. Je mehr wir begannen, gezielt weg zu hören, desto heroischer wurden seine Geschichten. Er erfand immer aberwitzigere Dinge, um wieder Gehör bei uns zu finden. Je mehr er aber aufdrehte, desto mehr wandten wir uns ab.

Mit meinem heutigen Wissen hätte ich ihn beiseite genommen und ihm kurz gesagt, warum wir ihn mögen und was uns auf die Nerven fiele. Er hätte vielleicht verstanden, dass er all das Gelaber nicht brauchte, hätte aber die ihm zugestandene Bedeutung annehmen können. Er aber war in einen Kampf um Beachtung geraten, der auf diese Weise aber nun mal nicht zu gewinnen ist.

Wir alle suchen im Leben nach Beachtung und Anerkennung. Wir gehen schon manchmal weite Wege dafür. Seien Sie ehrlich zu sich. Wann fühlen Sie sich bedeutend? Was tun Sie, um sich bedeutend fühlen zu können?

Die meisten Menschen holen sich einen Teil ihrer Bedeutung über die Arbeit. Das Amt, die Position oder der bekleidete Titel können dabei helfen, oder aber über die Qualifikation oder die erworbene Fertigkeit ganz ohne Titel. Solange wir Anerkennung für unsere Leistung bekommen fühlen wir uns auch bedeutend. Wir nehmen unseren Platz im Leben ein. Das tut man auch mit einer Familie an seiner Seite. Wenn Sie Kinder haben, dann wissen Sie, wie es ist, wenn man abends von der Arbeit nach Hause kommt und die Kleinen kommen zur Tür gerannt, um einen zu begrüßen.

Sollten Sie keine Kinder haben, dann legen Sie sich einen Hund zu. Da brauchen Sie morgens nur für 30 Sekunden aus dem Haus zu gehen. Wenn Sie wieder kommen, erhalten Sie eine Begrüßung, als seien Sie 30 Wochen weg gewesen. Wie passt das aus Ihrer Sicht zur Erlangung von Bedeutung? – Wann also haben Sie das Gefühl, bedeutend zu sein?

Wie schaffen wir uns Bedeutung? – Lassen Sie mich das am Beispiel einer Firma darstellen. Da ist das Spiel leichter zu durchschauen und schneller akzeptiert. Um als Firma in einem Markt Bedeutung zu erlangen, müssen wir Alleinstellungsmerkmale aufbauen. Wir grenzen uns vom Markt ab. Wenn Sie bloß sagen: „Wir machen jetzt auch Jeanshosen", werden Sie keinen Blumentopf gewinnen und erst recht keine Beachtung erlangen. Nein, wir bauen eine Marke auf, schaffen Alleinstellungsmerkmale und eine eigene Markenwelt.

Ihr Hund freut sich nicht so sehr über die Ankunft anderer. Er freut sich über die Ankunft von Ihnen. Für ihn sind Sie einzigartig. Das sind Sie zwar ohnehin, jedoch zeigt Ihnen das selten jemand so deutlich.
Und genau hier liegt das Potenzial für Unstimmigkeiten. Hier kann ein Ungleichgewicht entstehen, wenn wir nämlich zu viel Bedeutung erlangen. Da entsteht dann so etwas wie das Star-Phänomen. Nehmen Sie einen Robbie Williams. Der ist so bedeutend, so einzigartig, so dass er ganz anders anfing zu denken als die meisten anderen Menschen. Deshalb teilte er nicht mehr ihre Werte und umgekehrt. Er fühlt sich eine ganze Zeit lang sehr einsam – verspürt keine Verbundenheit, keine Liebe mehr. Er ist entkoppelt von allen anderen.

Wir brauchen also auch hier ein Gleichgewicht, einen Ausgleich zwischen beiden Kernbedürfnissen: Mal leben wir das eine mehr, mal das andere. Das gleicht sich über den Tag, über die Woche aus. Mitunter kann man auch manches Gefühl über Monate gebrauchen. Aber irgendwann – normalerweise spätestens nach einem halben Jahr, strebt das Gehirn nach Ausgleich. Es holt sich die Hormone von der anderen Seite zurück.
Ein Fehlen eines dieser Gefühle über einen längeren Zeitraum würde uns vollkommen aus der Bahn werfen. Wir wären bereit, Dinge zu tun, die unserer Moral, unseren Werten wider-sprechen, nur um diese Gefühle zu erlangen.

Die Kernbedürfnisse mit erweiterter Bedeutung

1. Sicherheit / Komfort
2. Abwechslung / Unsicherheit / Überraschung /
3. Liebe / Verbundenheit
4. Bedeutung / Identität / Sinn / sich gebraucht fühlen / Einmaligkeit / Wichtigkeit / Beachtung / Herausforderung

---

Dabei werden diese Grundbedürfnisse auch gerne missbraucht, um Menschen zu manipulieren. Stellen Sie sich Kinder in den Slums vor, die keine Perspektiven haben, die ohne Schutz sind. Hier rekrutieren die Banden ihre Mitglieder. Da könnten die Eltern noch so oft warnen. Doch hier werden alle vier Kernbedürfnisse geboten:

1. Die Banden bieten **Sicherheit**, denn niemand wird einen mehr so leicht angreifen.
2. Sie bieten **Abwechslung**, man ist ständig mit der Gang unterwegs.
3. „Man ist auf einmal wer" (**Bedeutung**) und fühlt sich gebraucht, denn man erledigt für die Gang einige „Sachen".
4. Zu guter letzt zählt die **Verbindung**, der viel strapazierte Satz: „Ich liebe Dich wie meinen eigenen Bruder!".

Das ist gezielte Manipulation.

Jetzt stellen Sie sich jemanden vor, dem etwas Übles zugestoßen ist, zum Beispiel ein Überfall. Oft genug trifft es Menschen härter, als es ihnen lieb ist. Sie können dieses Erlebnis nicht verarbeiten, sind traumatisiert. Manche scheinen von dem Erlebten nicht mehr loszukommen. Immer wieder werden sie an die Tat erinnert und immer wieder müssen sie diese durchleben.

Wenn man aber nun den Bedarf des Gehirns an bestimmten Emotionen kennt, dann erkennt man auch bei den Opfern ein festes Muster. Meistens hatten die Opfer vor der Tat kein festes emotionales Gefüge. Sie hatten keine Arbeitsstelle, keine festen sozialen Kontakte, zerrüttete Familienverhältnisse.

Hier aber wird dem Gehirn etwas geboten, was emotional sehr stark ist. Man bekommt eine sehr starke Bedeutung, man ist das Opfer (der Ausgeraubte, die Geisel). Jetzt klingeln vielleicht die Nachbarn an der Tür, die davon gehört haben. Man will mal nach dem Rechten sehen. Die Familie ruft wieder an. Dabei fällt kein Wort vom letzten Streit, jetzt steht Zuwendung auf dem Plan. Das ist ein anderes Ritual, was wir in solchen Fällen hervorholen.

Man erhält jede Menge Zuwendung und Liebe, wenn auch nicht die Form von Liebe, die man sich eigentlich wünscht. Zudem verlaufen die Reaktionen auf die Erzählungen des Opfers immer gleich ab: Wenn das Opfer später in eine unsichere Situation gerät, braucht es nur anzufangen zu weinen und sofort hat es Sicherheit, weil es weiß, wie nachsichtig und liebevoll die Umgebung in einem solchen Moment reagiert.

So kann es jederzeit in eine sichere Bahn schwenken. Das macht das Opfer nicht bewusst oder absichtlich. Wir wissen ja, dass wir mit unseren Reaktionen nicht dem freien Willen unterliegen. Das Gehirn ist an dieser Stelle trainiert, in kürzester Zeit das zu bekommen, was es braucht.

Zu viel Emotionalität und Zuwendung beim Zuhörer während der Aufarbeitung kann das Gehirn in diese Falle tappen lassen. Man ist nicht mehr selbständig in der Lage, sich daraus zu befreien. Trotzdem fühlen sich Menschen, die in dieser Gefühlsfalle verharren, nach einiger Zeit nicht mehr wohl. Warum ist das so? Das Gehirn bekommt doch nun alles, was es braucht?! - nicht ganz.

Ich habe Ihnen noch zwei Bedürfnisse verschwiegen, von denen das eine hier ins Spiel kommt und ein Verharren in dieser Situation nicht zulässt. Wann immer wir unsere ersten vier Kernbedürfnisse negativ leben, verhindern wir in der Regel das fünfte Kernbedürfnis:

5. Wachstum

Wir wachsen in allen Bereichen des Lebens, die uns irgendwie wichtig sind, und das sogar ständig. Wir lernen dazu, denken um, erlernen neue Fertigkeiten und Fähigkeiten. Manchmal tun wir das nur im sehr kleinen Rahmen.
Wenn man dann ein Jahr zurückblickt, hat sich doch viel geändert, man hat viel erlebt und viele neue Erfahrungen gemacht – wir sind reifer geworden. Aber kennen Sie dieses Gefühl, wenn Sie in einer Sache seit Längerem nicht mehr vorankommen? Kennen Sie dieses Gefühl, auf der Stelle zu treten? Das kann mitunter sehr frustrierend sein. Das geht so weit, dass sich eine Leere einstellt. Und genau das ist auch Sinn der Sache. Hier hat Gott uns eine Hintertür geschaffen, vielleicht doch noch aus einem Trauma, aus negativen Lebensweisen herauszutreten.
Der sich einstellende Frust sorgt dafür, dass wir eine Änderung herbeiführen wollen. So kann es passieren, dass der traumatisierte Mensch nun doch zum Psychologen in Behandlung geht. Allerdings passiert dann eines auch sehr häufig: Ändern sich nicht gleichzeitig auch die Lebensumstände, wird das Gehirn diese aus dem Trauma erlangte Bedeutung nicht freiwillig wieder aufgeben. Das Gehirn hat hier ein Mittel gefunden, um an seine Hormone zu kommen (gekoppelt an die Kernbedürfnisse). Warum sollte es dann freiwillig wieder loslassen? – Das Opfer hängt erneut fest. Der Fokus ändert sich wieder und kurz bevor der Psychologe den Patienten aus dem Trauma

herausholen kann, lässt dieser die Sitzung platzen und behauptet, der Psychologe tauge nichts. Eines Tages ist der Frust dann wieder näher als der Schmerz, die ersten vier Kernbedürfnisse zu verlieren und das Spiel geht von vorne los.

Glücklicherweise ist dieses „Spiel" mittlerweile von der Psychologie gut dokumentiert und die Herangehensweise in den hoffentlich meisten Fällen entsprechend angepasst. Ich für meinen Teil aber habe eines begriffen. Wenn jemand in meinem Umfeld zu viel jammert, dann höre ich nach der ersten Zuwendung recht schnell auf, Verständnis zu zeigen. Das macht nicht immer neue Freunde, es ist aber die ehrlichere Hilfe, auch wenn mein Gegenüber das noch nicht so sehen mag. Wenn wir jemanden wirklich gern haben, dann sollten wir an dessen Wachstum interessiert sein und nicht an unseren Vorteil, hinterher besser da zu stehen.

Sobald alle diese fünf Kernbedürfnisse dauerhaft im Einklang stehen fühlen wir uns so richtig glücklich. Wenn alles im Leben läuft und wir alles erreicht haben, dann stellt sich auch immer regelmäßiger das Gefühl der Zufriedenheit ein. Wir sind mit Allem versorgt und zufrieden. Und was passiert jetzt? Ist das das Ende des Lebens? Wie ist das mit Menschen, die im Leben alles erreicht haben und immer noch tun? Sind die immer glücklich? – Gerade, wenn wir mit den Dingen zufrieden sind, dann finden wir nichts mehr, was wir verbessern können oder wollen. Wir scheinen zwar irgendwie zu wachsen, weil bei uns „immer noch etwas geht". Trotzdem fehlt der entscheidende Punkt. Was machen also Menschen, die alles erreicht haben? Was tun sie, um glücklich zu bleiben? – Sie suchen sich in der Welt Zustände, mit denen man keineswegs zufrieden sein kann. Situationen, die weit entfernt davon sind. Hier können sie helfen, noch einmal die Ärmel hochkrempeln. Und das geschieht dann unabhängig davon, wie viel sie tun müssen und wie gut das für den Moment ist. Die Aufgaben scheinen unendlich. Sie betätigen sich für Charity-Projekte, leisten einen sozialen Beitrag, gründen Stiftungen oder kämpfen für die Rechte und das Überleben der Schwachen und Bedürftigen. Sie widmen sich dem sechsten Kernbedürfnis, einem höheren Ziel.

6. Sozialer Beitrag

Es ist unser Bedürfnis, zu geben, gut zu sein, ohne etwas dafür zu erlangen. Ich meine das Gute aus reinem Herzen. Hier fügt sich die eigene Bedeutung mit der Liebe zusammen. Hier werden Sicherheit und Abwechslung eins. Wir nehmen gerne die Bedeutung an, die Guten zu sein, die aus reiner Nächstenliebe agieren. Das ist unser archetypisches Ideal. Und wir können sicher sein, dass wir diesen Menschen immer etwas geben können, egal, wem wir begegnen, wie abwechslungsreich die Situation auch sein mag. Und auch Wachstum ist hier garantiert.

Deshalb warten viele erst gar nicht, bis sie sich alle anderen Kernbedürfnisse erfüllt haben. Sie widmen sich diesem Bedürfnis schon früh im Leben und gelangen so ins Gleichgewicht. Wenn jemand aber alles hat, sich die ersten fünf Kernbedürfnisse voll erfüllt und nicht zum sechsten übergeht, dann entsteht oftmals eine Leere und man fragt sich: „Wofür das alles?" – Wir möchten einen Beitrag im Leben leisten, mitwirken, helfen, einen höheren Sinn in unserem Leben erkennen.

Früher oder später geben alle, ohne dafür einen direkten materiellen Gegenwert zu erhalten. Haben Sie jemals einem kleinen Kind etwas geschenkt und es guckte Sie dann nur mit großen Kulleraugen an? Kein Danke oder Ähnliches, aber die Freude in den Augen war doch viel mehr wert. Hatten Sie jemals das Gefühl, einfach nur das Richtige getan zu haben? –

Nicht, weil Sie davon irgend einen Vorteil gehabt hätten, sondern einfach nur so... Sie taten das Richtige und es tat gut!

Auf den ersten Blick scheint es nicht besonders ökonomisch. Ist es aber doch. Wenn Sie einen Teil Ihres Geldes bereitwillig geben, bekommen Sie ein anderes Verhältnis zum Geld. Das Geld muss fließen. Sie sollen reich werden, aber nicht geizig. Das verhärmt und schafft Verlustängste. Zudem verändert das Ihre Ausstrahlung – aber das hatten wir ja schon.

Es gibt doch aber genug andere Methoden, um Geld im Leben fließen zu lassen. Man könnte sich einmal mehr im Jahr einen schönen Urlaub leisten oder ein größeres Auto. Aber darum geht es nicht. Es ist in uns fest verankert, diesem Bedürfnis des Gebens gerecht zu werden. Tatsächlich bekommt der, der gibt, mehr zurück – aus all den uns nun bekannten Gründen. So sehr, dass es fast schon egoistisch klingt. In jedem Fall hilft es uns, dass wir uns gut fühlen dabei, dass wir sind, was wir sind. Kurz, es steigert das Selbstwertgefühl, obwohl oder gerade weil wir in dem Moment der Tat nicht darüber nachdenken.
Es ist schon phantastisch zu sehen, dass gerade in diesem Verhalten, welches wir uns doch alle so sehr von uns selbst und jedem anderen wünschen, das größte Glück liegt!
Vielleicht haben Sie ja von einem schweren Schicksalsschlag in der Nachbarschaft gehört. Fragen Sie ruhig mal nach, ob Sie eventuell helfen können. Dabei kommt es oft weniger auf große Gesten an. Kleinigkeiten geben den Betroffenen oft so viel Mut, einfach weiterzumachen. Wir werden nie die Dimension begreifen, die wir mit einem Lächeln und kleinen Taten vollbringen können. Drängen Sie sich nicht auf, aber man kann auch zusammen mit anderen einiges in seiner Umgebung bewegen. Manchmal führt man ein längeres Gespräch im Hausflur mit der Omi aus der ersten Etage, obwohl man kaum Zeit hat. Man hatte aber das Gefühl, dass es jetzt wichtig war und man fühlt sich gut dabei.

Wenn wir dieses Wechselspiel verstehen und anwenden lernen, dann können wir uns immer wieder in die schönsten Zustände heben, aus denen heraus das Glück einfach nur fließt - nicht nur für einen Augenblick, sondern dauerhaft. Sollte es einmal nicht laufen, dann verstehen wir es umso leichter, dort wieder hin zu finden, wo wir ganz groß sind –
wofür wir stehen. Da fühlen wir die größte Kraft, das Mark des Lebens, mitten in unserem Herzen!

Sie wollen von anderen mehr Beachtung? Dann geben Sie diese, damit andere Ihre Zeichen, Ihre innere Haltung erkennen können. Denken Sie daran, dass Ihre Gedanken sich in Ihrem Körper manifestieren. Ihre Körpersprache macht 93 Prozent Ihrer gesamten Kommunikation aus. Nur wer richtig sendet, wird verstanden und erkannt. Wenn Sie darauf warten, dass andere zuerst geben, werden Sie Menschen anziehen und kennen lernen, die darauf warten, dass andere zuerst geben oder sogar ganz bewusst auf ihren eigenen Vorteil bedacht sind. Wenn Sie Liebe wollen, dann geben Sie. Wenn Sie jetzt fragen: "Was geschieht, wenn ich meiner besseren Hälfte alle Liebe gebe und es nicht zurückkommt?" – Dann geben Sie mehr! Und was geschieht, wenn sie immer noch nicht zurück kommt? – Geben Sie noch mehr. Wenn es Ihre bessere Hälfte dann immer noch nicht versteht, wird ein anderer/ eine andere die Signale empfangen und sagen: „Diese Person hat diesen Menschen nicht verdient, ich hätte gerne ganz genau diesen Partner."
In einem Seminar sagte einmal eine Frau: „Die Prinzen, die danach kommen, sind meist auch nicht besser!". Warum hat sie die Erfahrung wohl gemacht? – Ganz klar, sie hat weiterhin die falschen Signale gesendet und den nächsten falschen Prinzen angelockt. Wenn wir das durchbrechen wollen, müssen wir unser eigenes Verhalten ändern, nicht die anderen. Das gilt für alles, was wir wollen. Wir müssen lernen, reichlich zu geben, bevor wir eine Änderung erwarten dürfen.

Jetzt schließt sich der Kreis auch in Hinblick auf unsere Ziele. Die Kernbedürfnis-Analyse kann Ihnen sehr dabei helfen, Ihre großen Ziele zu erreichen. Wir haben die Seminare bei Miehe & Bens seit einiger Zeit darauf ausgerichtet, den Teilnehmern die Kernbedürfnisse näher zu bringen, weil sie so viel schneller zu Ergebnissen kommen.

Versuchen Sie es einmal. Holen Sie Ihre Ziele-Liste hervor und fragen sich, was Ihnen diese Ziele in Bezug auf die Kernbedürfnisse geben. Das fünfte Kernbedürfnis ist bereits immer schon dabei, wenn Sie sich auf den Weg zu Ihren Zielen machen. Da ist Wachstum selbstverständlich. Aber was ist mit den anderen? – Was geben Ihnen Ihre Ziele?
Und nun fragen Sie sich, wie Sie selbst schon heute von dem geben können, was Sie im Stande wären zu geben, wenn Sie Ihr Ziel bereits erreicht hätten - Damit Sie heute schon die Muster leben, die Sie selbst erlangen wollen. Also geben Sie!

Schmerz und Freude

Unser ganzes Leben wird von diesen beiden Gefühlen bestimmt. Wie oben gesehen tun wir die Dinge offensichtlich, um glücklich zu sein und Freude zu erlangen.

Warum gehen wir beispielsweise abends auf eine Party? – Um von dem augenblicklichen Zustand in einen anderen oder besseren zu gelangen. Warum wollen wir eine Freundin oder einen Freund haben? – Um in einen besseren Zustand zu kommen. Wir sind offensichtlich mit dem derzeitigen Zustand nicht zufrieden. Aus eben dem gleichen Grund wollen wir oft einfach nur essen.
Eine Zustandsveränderung ist in all unserem Handeln der Motivator. Natürlich geht es um Änderung zum Besseren: Dadurch hoffen wir, dass uns dieser bessere Zustand glücklicher macht.

Erst kürzlich hatte ich in einem Seminar einen Teilnehmer, der meinte, er sei auch glücklich, wenn er nicht auf die angesagte Party komme und stattdessen zu Hause bleibe. Offensichtlich wählt auch hier unser Gehirn zwischen den Situationen, die das höchste Maß an Glück versprechen. Dabei kann das Gehirn durchaus unschlüssig sein, wenn sich beide Alternativen die Waage halten. Aber würde die Person auch gerne im gleichen Moment die Einfahrt fegen wollen oder dem Nachbarn helfen, sein verstopftes Klo zu reinigen? Die Wahrscheinlichkeit ist groß, dass er dann doch lieber die Party besuchen würde.

Wir tun bestimmte Dinge auch, um Schmerzen zu vermeiden. Stehen wir in einer Angelegenheit vor der Wahl zwischen zwei Möglichkeiten, wobei wir die eine mit Schmerz und die andere mit Freude verbinden, so werden wir immer die nehmen, die für uns Freude bedeutet.

Haben wir die Alternative zwischen zwei Möglichkeiten, die beide Schmerz bedeuten, wählen wir immer die, die für uns in dem Moment weniger Schmerz bedeutet. Gleiches gilt für zwei Möglichkeiten, die beide Freude bedeuten. Wir wählen die, die uns mehr Freude erwarten lässt. Dabei ist es wieder unser Gehirn, das uns die Entscheidung abnimmt. Auch wenn wir glauben, wir hätten eine bewusste Entscheidung getroffen, versucht unser Gehirn immer, Schmerz zu vermeiden und Freude zu erlangen. Es ist ein biologischer Faktor, ein Überlebenssinn.

Wenn Sie jemals versucht haben, abzunehmen oder mit dem Rauchen aufzuhören, jedoch mit diesem Projekt mehr Schmerz assoziierten als Freude, mussten Sie über Kurz oder Lang damit scheitern. Alles läuft letztendlich auf diese beiden Gegenpole hinaus. Die Menschen kaufen nicht das beste Produkt; sie kaufen das Produkt, mit dem sie mehr Freude als Schmerz verbinden. Die beiden Motivatoren Schmerz und Freude kontrollieren unser gesamtes Leben. Alles lässt sich auf diese einfache Formel zurückführen.

Lernen wir diese beiden Faktoren zu kontrollieren, kontrollieren wir unser gesamtes Leben. Tun wir das nicht, kontrolliert das Leben uns.

Es ist wichtig, diesen Zusammenhang zu verstehen, weil hier alle Fäden zusammenlaufen. Nun fangen wir an zu verstehen, warum wir nicht loslegten, nachdem wir ein gutes Buch gelesen hatten und die Idee dahinter unbedingt für uns umsetzen wollten. Ja, die Idee war erst einmal mit großer Freude verbunden. Man hatte nur einige Faktoren übersehen.

Es gibt einige Zwischenschritte, die es zu erledigen gilt, bevor man aktiv werden kann. Denn sonst passiert das, was den Meisten passiert. Wir verlieren uns im Alltag. Tatsächlich müssten wir einige Dinge tun, um das Ziel in Angriff zu nehmen, die wir dann doch wieder eher mit Schmerz verbinden, vielleicht noch nicht einmal bewusst.

Manche Dinge haben wir irgendwann einmal im Gehirn zusammen mit etwas Negativem abgelegt, obwohl wir die Sache selbst gar nicht so schlimm finden. Mit unserem neuen Ziel vor Augen würde das sogar Spaß machen können. Vergessen wir aber nicht, dass unser Gehirn für uns entscheidet. Es rechnet alle Möglichkeiten durch und verbindet gelegentlich mit dem einen oder anderen Schritt ein negatives Gefühl. Da unser Gehirn ein Glücksjunkie ist und permanent nach positiven Gefühlen strebt, wird es Dinge erfinden, die ganz dringend zu erledigen sind, bevor man loslegen kann. Das nennt man auch Vermeidungsstrategie.

Wie gesagt, wir sind nicht so frei, uns tatsächlich zu jedem Zeitpunkt frei zu entscheiden. Die grundlegenden Sachen muss man beherrschen, im wahrsten Sinne des Wortes. Und das kann man lernen.

Eines muss ich bei dieser isolierten Betrachtungsweise aber deutlich sagen: Es spielen viele Faktoren eine Rolle, nehmen wir zum Beispiel die augenblickliche Verfassung. Ist etwas in der Vergangenheit negativ gelaufen und verursacht immer noch ein echtes Unbehagen, muss das trotzdem keineswegs in diesem Moment aufkommen. Wir werden lernen müssen, dass man sich für den entscheidenden Moment durch das Konditionieren be-einflussen kann. Und wenn man sowieso gerade „gut drauf" ist, hat man ja generell eine positivere Sichtweise der Situation. Das könnte zunächst für eine erfolgreichere Herangehensweise an das Ziel reichen. Es reicht aber in keinem Fall auf Dauer.

Wie sieht es aber nun aber mit dem Raucher aus? –

Er verbindet das Gefühl des Rauchens mit Genuss, also mit Freude. Nicht mehr zu rauchen bedeutet für ihn Schmerz. Nun weiß er aber von all den Krankheiten, die durch das Rauchen bedingt sind. Mittlerweile spricht man ja nicht mehr von Gefahren, weil in dem Wort immer noch das Fünkchen Hoffnung steckt, der Kelch gehe an einem vorbei... Obwohl er dieses weiß und auch ehrlich mit den Folgen des Rauchens Schmerz verbindet, tut er es trotzdem. Warum? – Nehmen wir den Moment des Anzünden-Wollens einer Zigarette. Was ist dem Raucher da näher? Die Zigarette oder die Krankheit? Dies hat wiederum mit der Wahrnehmung zu tun. Da ich dieses Beispiel noch an anderer Stelle benutzen werde, brauchen wir es hier nicht weiter zu vertiefen.

Sie werden aber vielleicht fragen, was mit dem Raucher ist, der bereits schwerkrank ist und die durch das Rauchen bedingte Krankheit in vollem Umfang zu spüren bekommt, aber trotzdem raucht. Diese Frage können Sie sich bereits selbst beantworten: Das Gehirn hat mit jeder Zigarette mehr und mehr Schaltungen in diese Richtung aufgebaut. Es verbindet immer noch so viel mehr Freude damit, dass es sogar irrationale Gründe erfinden würde, um seine Endorphine zu bekommen. Da kommen dann tatsächlich Argumente, wie zum Beispiel „Freiheitsberaubung". Für ihn bedeutet das Rauchen trotz allem immer noch weniger Schmerz als das Nichtrauchen.
Wenn also beide uns zur Verfügung stehenden Wege für uns Schmerz bedeuten, gehen wir den Weg des vermeintlich geringeren Leidens. Alles bleibt dabei subjektiv, was es uns ja auch so einfach macht, hier anzusetzen.

Das Bedürfnis, Schmerz zu vermeiden und das Verlangen nach Freude sind die beiden Zwillingskräfte, die uns kontrollieren. Um den Spieß umdrehen zu können, müssen wir wissen, wie es dazu kommt, dass wir einer Sache Schmerz und einer anderen Freude zuschreiben. Wir wissen, dass die Zuweisungen keine

Allgemeingültigkeit haben. Wir haben Sie ja mehr oder weniger frei gewählt. Was steckt also hinter Schmerz und Freude? Was entscheidet über Schmerz und Freude?

Offensichtlich sprechen wir hier von zwei Zuständen, die aus unserer Gefühlswelt heraus entstehen. Wenn wir wissen, wie wir diese Gefühle produzieren, werden wir auch automatisch verstehen, wie wir Schmerz und Freude lenken können. Es geht also um nichts Anderes als Kontrolle: Die Macht über das eigene System. Wenn mal wieder gar nichts läuft, befinden wir uns einfach nur (oder mal wieder) in einem „ungünstigen" Zustand. Wenn wir nicht lernen, unseren Zustand zu kontrollieren, verlieren wir auf allen Gebieten. Wie wir fühlen, ist unsere eigene Entscheidung. Die Umgebung mag uns beeinflussen, streicheln, letztendlich aber liegt es an uns: Wir entscheiden, wie wir uns fühlen. Das mag eine harte, sehr verantwortungsvolle Sache sein, was aber, wenn wir sie nicht nutzen?

Positives Denken

Wie wichtig positives Denken ist, haben wir oben beim Thema Glücklich sein gesehen. Positives Denken birgt jedoch die unbedingte Verpflichtung, es auch anzuwenden. Die erste Frage, die sich den Meisten aufdrängt, ist: „wie soll das funktionieren, wenn ich nicht positiv drauf bin?"

Ein Weg, wirklich positiv zu denken, geht über das „Sich-ständig-bewusst-machen". Man steht sozusagen neben sich und versucht für einen gewählten Zeitraum seine Reaktionen auf die Umwelt zu überprüfen und bei negativ aufkommenden Gedanken sofort gegenzusteuern. Dazu braucht man im Vorfeld ein paar sehr bewusste, positiv zurechtgelegte Phrasen, mit denen man sofort sein Gehirn füttert, damit alles andere keinen Raum mehr findet. Sie steuern gezielt gegen. Nun, das ist eine Willensfrage und erfordert sehr oft, wenn nicht ständig sehr viel Disziplin, was wiederum auch noch viel Kraft kostet. Ich rate den Meisten davon ab, so zu beginnen oder sich allein hierauf zu verlassen.

Zudem führt diese ausschließlich positive Programmierung auch wieder schnell ins andere Extrem, nämlich sich die Dinge schön zu reden. Das kann natürlich nicht hilfreich sein. Wenn Sie sich vorher noch über die vielen Rechnungen mokiert haben, dann reden Sie sich jetzt womöglich ein: „Da sind gar keine Rechnungen", oder „Die haben ja noch ewig Zeit!".
Sie sollten lieber Ihre Gedanken darauf verwenden, wie Sie immer mehr verdienen als Sie ausgeben. Allerdings können Sie ruhig dankbar sein für die Rechnungen. Offensichtlich gibt es da draußen einige, die noch fest an Sie glauben und somit darauf

bauen, dass Sie diese bezahlen können und werden. Wann bekommt man heutzutage schon so viel Aufmerksamkeit?

Nein – wenn das tatsächlich die einzige Aufmerksamkeit in Ihrem Leben ist, die Ihnen zuteil wird, dann sollten Sie sich unbedingt fragen, ob es da nicht einiges geben könnte, was sich generell verbessern ließe.

Es gibt allerdings immer wieder Leute, die es mit bloßer Willenskraft geschafft haben, ihr Denken zu ändern. Manche schreiben dann darüber gleich mehrere Bücher. Ich glaube, dass man dafür geboren sein muss. Bei diesen Menschen sind Schaltungen im Gehirn vorhanden, die so bei uns „Normalos" nicht existieren. Ich bin allerdings auch davon überzeugt, dass bei den meisten dieser Positivisten noch ganz andere Dinge auf dem Lebensweg mitspielten, die sie aber gar nicht bewusst zur Kenntnis genommen haben.

Wenn Sie erfolgreiche Menschen einer bestimmten Berufssparte ausfragen, was sie so erfolgreich gemacht hat, dann gibt jeder andere Antworten. Manch einer glaubt, es sei die neue Raumgestaltung des Geschäfts. Ein anderer schwört auf seine Art, den Mitarbeitern in den Hintern zu treten. Der nächste sieht seinen Erfolg ganz klar in der Kombination wichtiger ge- schaffener Begebenheiten – diese Liste ließe sich unendlich weit fortsetzen. Suchen Sie nach dem kleinsten gemeinsamen Nenner und sie werden feststellen, was wirklich zum Erfolg beigetragen hat. Oftmals sind es nämlich ganz andere Dinge, als diese Menschen glauben.

Ich möchte an dieser Stelle das positive Denken nicht zerreden. Wenn man es so einfach kann, dann ist das wirklich sehr gut. Positives Denken bringt eine Menge Vorteile mit sich, wie wir oben ja schon gesehen haben. Wem diese Gabe in die Wiege gelegt wurde, der ist gesegnet mit einem ungleich leichteren Leben. Denn bei diesen Menschen ist der entsprechende vordere Hirnlappen grundsätzlich aktiver. Sie sind ungleich schwerer zu erschüttern. Der Rest (also im Zweifelsfalle wir) ist in seiner Prägung abhängig von den äußeren Umständen. Aber selbst wenn ich in positiven Verhältnissen aufwachse, die mich zu positivem Denken verleiten, muss dieses mitnichten so bleiben. Denn wenn etwas für mein Empfinden Negatives passiert, dann ist es vorbei mit der Begeisterung. Welchen Stellenwert hat also das positive Denken als Instrument?

Sämtliche Forschungen, von denen ich gelesen und gehört habe, kommen einhellig zu dem Ergebnis, dass positives Denken zwar kein Garant für ein erfolgreiches Leben sei, jedoch eine sehr wichtige Voraussetzung, wenn auch nicht die einzige. Dabei ist positives Denken jedoch nicht als Ursache, sondern selbst bereits als Wirkung zu betrachten, die dann im zweiten Schritt wiederum zum Erfolg führen kann.

Was ist es also, was positives Denken bewirkt? – Oder noch besser ist die Frage: Wie erlange ich nachhaltig positives Denken? Denn diese Herangehensweise führt uns zum Kern unseres Strebens: Der Suche nach dem inneren Auslöser für positives Denken! Um den herauszufinden, sollten wir erst einmal festlegen, was wir unter positivem Denken verstehen, damit wir uns anschließend auch auf den gleichen Weg begeben.

Positives Denken bedeutet nicht, die rosarote Brille aufzusetzen und, gleich einem „Bekifften", alles nur noch „easy" zu sehen. Das ist eher bescheuert. Vielmehr bedeutet es, selbst in den Schwierigkeiten des Lebens die Möglichkeiten zu suchen, ohne großartig Gedanken daran zu verschwenden, warum es einem das Schicksal so schwer macht. Positives Denken heißt viel mehr, aus Erfahrung bereitwillig zu lernen und die Herausforderungen anzugehen, den Blick auf die Möglichkeiten zu richten und sich nicht von den Schwierigkeiten beirren zu lassen. Natürlich muss man die Schwierigkeiten kennen. Es ist allerdings wichtig, sich gedanklich auf die Möglichkeiten zu konzentrieren. Dies ist ein sehr wichtiger Punkt, dem wir uns im weiteren Verlauf noch in allen Einzelheiten nähern werden.

Wir müssen aber auch zwischen dem Gefühl und der Emotion unterscheiden lernen. Gefühle sind Signale des Gehirns, die uns etwas sagen wollen. Es spricht zu uns und lenkt somit unsere Aufmerksamkeit.
Die Emotion hingegen ist unser Verhalten, das wir wegen dieses Gefühls an den Tag legen. Sie ist demnach eine rein körperliche Angelegenheit oder anders gesagt: der körperliche Ausdruck, seine Entsprechung der Gefühle. Dieses Verhalten ist von Person zu Person verschieden. Welche Emotionen Sie auf bestimmte Situationen zeigen, die bestimmte Gefühle in Ihnen hervorrufen, ist einzig Ihre Entscheidung.
Emotionen sind auch kulturell verschieden und haben sich mit der Zeit auch innerhalb der Kulturen verändert. So ist die Emotion des Ohnmächtig Werdens heute nicht mehr typisch. Vor 200 Jahren wurden die Damen am Hofe hingegen regelmäßig ohnmächtig und diese Geste wurde zielgenau von ihrer Umwelt gedeutet.
Die Emotionen sind entscheidend für unseren Erfolg und zentrales Thema dieses Buches. Sie hier nur kurz zu behandeln, wäre sträflich. Wir werden uns also mit ihnen noch in allen Einzelheiten beschäftigen.

> *„Erfahrung ist nicht das, was wir erleben, sondern das, was wir daraus machen"*

Es ist entscheidend, sich nicht durch negative Erfahrung ausbremsen zu lassen, sondern die Erkenntnisse daraus zu sammeln und keine Zeit damit zu verlieren, im Groll zu verhaften. Man hat ja schließlich besseres zu tun. Es ist ebenso wichtig, die Erfahrungen dankbar anzunehmen.

Was denken Sie jetzt? – Vielleicht: „Hey, Sten Bens, das geht nun wirklich ein wenig zu weit, bis hierher konnte ich ja noch zustimmen. Sich jedoch über Niederschläge zu freuen ist nun wirklich nicht logisch. Vielleicht soll man dem noch danken, der einem dafür verantwortlich erscheint?"

Welche Wahl haben Sie? – Vielleicht durch einen Wutanfall die Situation verändern? – Wenn Sie glauben, dies sei der einzige Weg, um erst einmal Dampf abzulassen, dann warten Sie, bis wir zum Thema der Konditionierung kommen (Werte und Glauben).
Nein, so etwas dient der Sache nicht wirklich. Wenn Ihnen jemand übel mitgespielt hat, ganz gleich ob nur ein wenig oder etwas mehr, dann werden Sie nicht wirklich etwas zum Positiven ändern, solange Ihre Gedanken in Wut daran festhängen. Natürlich sollten Sie, wenn es einen Sinn ergibt, Gegenmaßnahmen ergreifen. Sie sollten jedoch, wenn es irgendwie geht, vermeiden sich zu ärgern. Zumindest sollten sie so schnell wie möglich davon ablassen. Wer leidet denn nun wirklich, wenn Sie sich ärgern? – Ihr Gegenspieler doch nicht. Der geht schon längst weiter. Sie sind es doch, der kostbare Zeit verliert, indem er sein Gehirn auf eine „negative Schleife" schaltet. Sie bekommen doch den Ihrem Körper abträglichen Hormoncocktail im Leibe zu spüren. Sie schwächen Ihren Körper, Ihre Psyche und berauben sich kostbarer Zeit. Nein, fragen Sie sich lieber, was Sie aus der Situation lernen können. Was können Sie selbst tun, damit Ihnen das in Zukunft nicht wieder passiert?

„Wir sind vielleicht nicht so sehr Christen, dass wir jedem und Allem verzeihen könnten. Wir sollten aber so sehr Egoisten sein, dass wir eben dies tun!"

Selbst John F. Kennedy sagte einmal: *"Vergib Deinen Feinden, aber vergiss niemals ihre Namen."*

Sie müssen sich selbst erst einmal in dieser Situation der Nächste sein. Der Gegenspieler ist noch lange nicht an der Reihe. Er kann warten. Glauben Sie mir, ein wenig Ignoranz bringt Ihren Gegenspieler sogar oftmals eher aus dem Konzept als alles andere.

Ihre konsequent zielstrebige Art kann Ihnen dann sogar noch viel Respekt einbringen. Man wird ja schließlich nicht an den Dingen gemessen, die jeder meistern kann. Vielmehr sind es die schwierigen Situationen, die uns den guten Ruf einbringen. Wenn Sie einem „selfmade Erfolgreichen" sein Unternehmen wegnehmen, ihn mit nichts in eine andere Stadt schicken, dann werden Sie erleben, wie dieser in kürzester Zeit wieder erfolgreich sein wird, noch schneller als vorher. Er hat bereits gelernt, wie es geht. Er hat nämlich schon viele Fehler gemacht, aus denen er lernen konnte und diese deshalb nicht wiederholt. Er schreibt es sich aber auch zu, wenn ihn einmal ein Anderer über den Tisch gezogen hatte.

Die richtige Frage an dieser Stelle ist: „Was kann <u>ich</u> tun, damit mir das in Zukunft nicht mehr passiert?" Klar, dieser Unternehmer arbeitet nur noch mit wasserdichten Verträgen, lässt sich auf bestimmte Deals einfach nicht mehr ein. Er ist an Erfahrung gereift. Oftmals lernen wir sowieso aus Fehlern mehr als aus den direkten Erfolgen. Aber auch ein Fehler kann ein Erfolg sein, wie wir später noch sehen werden. Jedenfalls jammert der Erfolgreiche nicht darüber, was ihm Böses angetan wurde, denn dann würde er die Macht über sein Leben an den „Bösewicht" abgeben.

Es gibt den Typ Abteilungsleiter, der gerne die Fehler aus seiner Abteilung seinen Mitarbeitern anprangert. Der Vorgesetzte sollte sich allerdings fragen, wer denn das Sagen in der Abteilung hat. Wer sich nicht für die Fehler verantwortlich sieht, der will keine Verantwortung übernehmen. Wer keine Verantwortung tragen will, der ist in einer gehobenen Position falsch platziert.

Verantwortung ist Macht. Wenn Sie die Macht über Ihr Leben behalten wollen, dann suchen Sie nicht danach, wer an Ihrer Situation schuld ist, sondern finden Sie Lösungen! Übernehmen Sie das Ruder und steuern selbst die Geschicke! So übernehmen Sie auch die Verantwortung.

Schlechte Dinge passieren dem einen häufiger, dem anderen seltener. Wer aber jammert, der gibt Macht ab. Handeln ist hier die Devise. Sie sehen also, es nützt nichts, in Groll zu verfallen. Suchen Sie lieber nach Lösungen. Auch dies ist eine Form von positivem Denken. Man kann das Thema tatsächlich von den unterschiedlichsten Seiten abklopfen und kommt doch immer wieder auf dasselbe Ergebnis.
Selbst im normalen Alltag fällt es vielen Menschen schwer, positiv an die Dinge heranzugehen. Ein Beispiel: Da gibt es die Frau, die die Familie ihres Bruders besucht. Anschließend berichtet sie ihrer Freundin, wie seine Kinder sie bei ihrer Ankunft begeistert begrüßt hatten: „Die haben sich richtig über meinen Besuch gefreut, aber na ja, ich habe ihnen ja auch Geschenke mitgebracht. Sonst wäre es ihnen vielleicht egal gewesen!" – Merken Sie etwas? – Dies ist bereits eine Falle des Gehirns, ins Negative abzurutschen, wenn es nicht gerade ein Spruch oder witzig gemeint war. Oftmals meinen es die Menschen jedoch ernst, die so etwas sagen. Wir dürfen uns in diesen kleinen Gemeinheiten des Gehirns nicht verstricken. Wir wissen ja, dass jeder Gedanke in diese Richtung unsere zukünftige Ausrichtung bestimmt. Ganz langsam fängt man dadurch an, die eigene Beliebtheit nicht mehr nur bei diesen, sondern vielleicht bei allen Kindern in Frage zu stellen. Es ist kein weiter Weg mehr, bis man seine Beliebtheit insgesamt anzweifelt, soll heißen, dass man hinter jeder entgegengebrachten Freundlichkeit eine List oder Ausnutzung wittert. Man fühlt sich nicht mehr wertvoll genug, dass andere Menschen einen einfach nur mögen könnten.

Sie kennen sicherlich die Situation, dass man Geschenke ohne besonderen Anlass nur ungern annimmt. Man ziert sich. Jedoch sollte man sich fragen, wo das Problem liegt. Wenn ich ein Geschenk nicht annehme, weil ich tatsächlich eine Art Bestechung oder Manipulation dahinter vermute, ist das okay. Grundsätzlich aber gilt, dass wir es einfach wert sind, wenn uns jemand etwas schenken will. Und insbesondere sind wir es wohl dieser Person wert. Wenn darin ein Hintergedanke steckt, dann hat der „Schenker" damit ein Problem, nicht aber wir. Wer gibt und im Gegenzug etwas zurück erwartet, muss einfach nur enttäuscht werden.

Wer aber freigiebig gibt, ohne eine Gegenleistung zu erwarten, wird Gutes erlangen, ohne es erwartet zu haben. Dies ist eine weit gefasste Ableitung aus Murphys Gesetz. Wenn Ihnen das zu esoterisch erscheint, dann kann ich Ihnen versichern, im Laufe des Buches noch den Beweis anzutreten.

Zurück zu unserer Kernfrage: Wie denke ich positiv? Offensichtlich sind die oben genannten Tipps ja schön und gut. Sie nützen mir nur nichts, denn selbst unter den besten Vorsätzen verfällt man doch immer wieder ins alte Schema zurück, wenn einen etwas Negatives trifft. Wie oft hat man sich schon vorgenommen: „Wenn mir das das nächste Mal passiert, dann reagiere ich aber anders!" Das nächste Mal kommt und ... wir reagieren genauso wie immer.

Um der Antwort näherzukommen, sollten wir einmal darüber nachdenken, wann wir uns auf einer sehr positiven Welle befinden und wann wir eher negativ gestimmt sind. Ich meine, wir alle hatten doch schon einmal diesen Tag, an dem alles klappte. Schon auf dem Weg zur Arbeit lief gute Musik im Radio. Die Verträge schrieben sich von selbst. Da gibt es diese Momente nach einer großen Leistung, wo jemand auf uns zukommt und fragt: „Das warst DU?" – Dann streckt man noch einmal den Hals, zupft die Krawatte gerade oder geht mit den Fingern noch einmal durchs Haar (als wenn dieses in diesem

Moment aufkommende Gefühl besonders gewürdigt werden müsste) und sagt nach kurzen Räuspern mit vollem Stolz: „Ja, natürlich…!"

Dann gibt es aber auch diese Tage, da will einfach nichts klappen und tatsächlich geht auch schon gleich etwas Wichtiges „voll daneben". Man hat zum Beispiel etwas Falsches gesagt und hadert nun mit sich selbst: „Ich kann nicht glauben, dass ich das gesagt habe, warum habe ich das bloß getan?", und manch einer verfällt in Selbstzweifel: „Ich bringe es einfach nicht, ich bin halt nicht besser oder es fehlt mir doch noch einiges…" Gab es doch auch jene Tage, an denen man offensichtlich richtig gut war? – Dann kann es doch nicht daran liegen, dass man es nicht kann, wir haben es doch bereits bewiesen. Was war in diesen Situationen anders?
Das lässt sich einfach mit dem Zustand (er)klären. An Tagen, an denen es nichts lief, waren wir offensichtlich nur in einem bescheidenen Zustand. An manchen Tagen schwimmt man nun mal auf einer Positiv-Welle, an anderen eben nicht! Basta!
Es geht also anscheinend um die Tagesform… Warum bin ich an dem einen Tag in einem positiven Zustand, an einem anderen nicht? Wer bestimmt, wann ich mich wie verhalte und fühle? Sind es vielleicht die äußeren Umstände?
Um die Antwort vorwegzunehmen: Bei den meisten Menschen gilt ein klares JA! Wenn wir am Anfang unseres Lebens noch sehr stark von den Dingen (Gene, kulturelles Erbe, Rahmenbedingungen) profitieren, die uns mit ins Leben gegebenen wurden, so verdichtet sich Vieles mit zunehmendem Alter auf unser Umfeld, das unser Handeln bestimmt. Natürlich sprechen wir immer noch von einem ganzen Cocktail sich wechselseitig bedingender Faktoren. Aber das Umfeld spielt eine entscheidende Rolle.

So sind unsere Werte sehr stark kulturelles Erbe im Austausch mit den Erfahrungen, sprich äußeren Begebenheiten. Also sind die Referenzerlebnisse, die den einen Teil unserer Handlungs-bestimmungen ausmachen, bereits aus dem Umfeld geprägt. Das zweite prägende Moment ist unser körperlicher Zustand. Er ist zwar durch die Gene mit bestimmt, aber ansonsten ein Ergebnis unserer Interaktion mit der Umwelt (wie wir uns aus dem Angebot bedienen). Es bleibt noch der dritte Aspekt, das Umfeld selbst.

Unsere Frage sollte also auf das Umfeld abzielen, zumindest wenn es um den Moment geht: Was war an dem Tag passiert, bevor es mir so gut ging? Und wenn ich das herausgefunden habe: Kann ich das dann jederzeit wiederholen? Was war dagegen dem schlechten Tag vorausgegangen und kann ich lernen, so etwas in Zukunft (diese Situation, dieses Umfeld) zu vermeiden?
Es geht also darum, den Zustand zu ändern. Nun gibt es bekanntlich viele Wege, die nach Rom führen. Jeder einzelne ist eine Reise wert und man muss für sich sicherlich die beste Strategie finden. Jedoch plädiere ich dafür, ein Maximum an Wegen zu kennen. Manchmal braucht man einfach gute Reflexe. Dann benötigt man eine Technik, die im impliziten Gedächtnis gespeichert ist. Es gibt aber immer auch Bereiche, in denen ich ganz bewusst handeln will und dann brauche ich eine Fertigkeit, die ich ebenso bewusst einsetzen kann. Die Kombination aus allem gibt uns eine größtmögliche Sicherheit, schneller im Leben auf unsere Ziele zuzusteuern.

Bevor wir allerdings einsteigen, die verschiedenen Aspekte des Korrektivs zu beschreiten, sollten wir noch einen kurzen Blick auf die praktischen Beispiele werfen, um zu sehen, ob wir uns hier mit unseren Gedanken wiederfinden. Erst dann steht die Marschroute fest. Schließlich gibt ja der Erfolg Recht und nicht die Theorie.

Warum sind die Erfolgreichen so erfolgreich?

Ich habe das Glück, mit vielen erfolgreichen Menschen sprechen zu dürfen. Manchmal sitzt man zufällig zusammen und kommt ins Philosophieren (eigentlich komme ich irgendwann immer dorthin). Eines Tages hatte ich Karsten H. zum Mittagessen eingeladen, um mit ihm zu reden. Karsten eint sehr viele Eigenschaften, die für den Erfolg wichtig sind.

Sein Unternehmen aus der Computerbranche geht stetig bergauf: Steigende Umsätze und Gewinne trotz Konjunkturflaute. An den äußeren Umständen liegt das jedoch nicht. Was macht also diesen Menschen aus? Ist es sein Optimismus (1), den er wahrlich ausstrahlt? – Er muss in jedem Fall eine wesentliche Komponente sein, denn die meisten erfolgreichen Menschen legen einen unerschütterlichen Optimismus an den Tag. Unter denen, die ich persönlich kenne, habe ich noch nicht einen ausgemacht, der kein Optimist ist.

Viel spannender ist aber ein Argument, das alle ohne Ausnahme eint: Ziele (2)! „Ich habe alles vor Augen, seit meiner Jugend", sagt Karsten und spricht vom luxuriösen Leben. „Ich baue ein Haus. Ein eigener Pool war mein Traum. Das Haus ist ein angenehmer Nebeneffekt" – (warum nicht auch einmal so herum), „und ich habe meine Ziele (...) fast ausnahmslos so umgesetzt, wie ich es wollte (...) Schritt für Schritt."

In einer amerikanischen Studie der Universität von Kalifornien wurden über Jahre hinweg die Abgänger nach ihren Zielen befragt. Nur durchschnittlich drei Prozent hatten wirkliche Ziele mit Allem was dazu gehört. Jeweils zwanzig Jahre später hatte man diese Personen wieder ausfindig gemacht und befragte sie neu. Dabei waren die subjektiven Empfindungen schon sehr massiv zum Vorteil der wenigen drei Prozent ausgefallen, die Ziele hatten. Viel spannender sind für uns hier natürlich die objektiv messbaren Unterschiede. Die drei Prozent der Zielorientierten zusammen genommen verdienten deutlich mehr und hatten mehr Besitz, als die anderen 97 Prozent zusammen aufweisen konnten.

Für Karsten ist die Arbeit nur Mittel zum Zweck, um seine Ziele zu erreichen. Natürlich sollte man auch Spaß (3) dabei haben, denn sonst kommt man nicht so leicht voran. Nur gibt es auch die Menschen, die in ihrer Arbeit total aufgehen, aber vollkommen arm sind und unglücklich dabei, weil sie vergessen haben, Geld zu verdienen.

Was Karsten Spaß macht, wusste er schnell. Er hatte es nur einen Monat in der Tischlerlehre ausgehalten und wechselte dann zur höheren Handelsschule, weil er begriff, dass er lieber im Büro sitzen würde, als Bohlen zu schleppen. Das passt ins Bild, denn wenn er etwas im Leben für sich erkannt hat, entscheidet er sehr schnell. Nicht warten, sondern Handeln (4) ist seine Devise. „Von alleine passiert nichts und Wehleidigkeit mag ich nicht. Bei der Bundeswehr hing ein Schild: ‚Klagt nicht, kämpft'. Ich blicke lieber nach vorne. Zurückgucken kostet nur Zeit." Das sind bereits jede Menge Weisheiten, die Sie bei erfolgreichen Menschen immer wieder vorfinden werden.

Auch hier sprechen die Zahlen für sich. Natürlich stimmt der Spruch: „Wer viel macht, macht auch Fehler". Aber er macht auch viel richtig und kommt so schneller voran. Man weiß heute, dass die erfolgreichsten Sportler in der Regel wesentlich mehr Fehler gemacht haben als die weniger erfolgreichen.

Weite Wege ist auch Karsten gegangen. Er hat viele Firmen ausprobiert und viel Erfahrung gesammelt, bis er 1994 seine jetzige Firma in Braunschweig gegründet hat. Karsten H. steht stellvertretend für viele erfolgreiche Menschen. Seine Weisheiten lebt er tatsächlich und er steht zu seinen Fehlern. „Nur so kann man wachsen!" Sie werden im Laufe dieses Buches Vieles wieder erkennen. Wir werden allerdings auch kritisch hinterfragen. Alles verdient eine Beweisführung, damit wir es wirklich von tiefsten Herzen her glauben können. Ansonsten wären es nur leere Phrasen, die keine Anwendung mehr finden, wenn es kritisch wird. Womit der Erfolg doch wieder Zufall oder Glück würde, wie es gerne von den weniger Erfolgreichen gesehen wird. „Der hatte nur Glück" ist doch nur eine Entschuldigung für die eigene Faulheit. Das klingt hart. Ich behaupte auch nicht, dass es keine solchen Ausnahmen geben kann. Jedoch werden wir noch sehen, wie viel Glück es wirklich für den Erfolg braucht.

Während ich an dieser Neuauflage des Herz Prinzips schreibe, hat sich im Leben von Karsten etwas Wesentliches geändert. Er ist jetzt Privatier, im Alter von 40 Jahren. Ich frage mich, wie lange er das bleiben wird... Wenn Sie an die Kernbedürfnisse zurück denken, wissen Sie, worauf ich hinaus will!

Ankern von Gefühlen

Vielleicht haben Sie schon einmal von dem Pawlowschen Hund gehört. Da geht es um einen Versuch, bei dem ein Hund im Käfig regelmäßig gefüttert wurde. Exakt eine Minute vor jeder Fütterung wurde eine Glocke geläutet. Normalerweise aktiviert der Hund seinen Speichelfluss, wenn er das Essen sieht. Hier jedoch fing der Hund nach einer gewissen Zeit an, bereits zeitgleich mit dem Glockenläuten Speichel zu produzieren. Er wusste ja nun, dass das Essen folgen würde und war in freudiger Erwartung darauf. Der Speichel floss jetzt natürlich auch, wenn kein Essen mehr folgte. Der Hund hatte zuerst das Glockenläuten mit dem Futter verbunden, darauf folgte der Speichelfluss. Das geht so weit, dass irgendwann das Gehirn auf das Hören von Glockenläuten direkt mit der Auslösung von Speichelfluss reagiert, ohne dabei Futter im Sinn zu haben. Das Gehirn wurde darauf konditioniert, auf dieses Geräusch ohne Gedankenumwege zu reagieren. Dadurch besteht eine direkte Verbindung zwischen dem Läuten und dem Speichelfluss.

Wir Menschen sind fast genauso einfach hereinzulegen wie ein Hund. Auch wir können uns konditionieren und wir tun es auch täglich, mehr oder weniger erfolgreich.
Erinnern Sie sich an einen schönen Urlaub. Sie hatten dort vielleicht ein wunderschönes Erlebnis. Vielleicht haben Sie Jemanden kennen gelernt? – Jedenfalls lief da immer diese wundervolle Musik. Jetzt sind Sie wieder daheim, und denken nicht mehr an diesen Urlaub. Sie fahren im Auto. Und plötzlich wird im Radio genau Ihr Lied (aus dem Urlaub) gespielt. Was passiert? – Sie müssen sofort wieder an den Urlaub denken und Ihnen wird ganz warm ums Herz. Freude kommt auf, vielleicht

auch ein wenig Sehnsucht, aber das Lied tut letztendlich gut. Hier haben wir eine typische Konditionierung.

Wann immer Sie im Leben eine hohe Emotion erleben und dabei etwas nicht Alltägliches passiert, werden Sie diese Emotion mit dem Nicht-Alltäglichen verbinden! Lassen Sie mich das näher erklären. Wenn Sie in einer sehr hohen Emotion sind und Sie ziehen sich gerade Ihre Jacke an, dann werden Sie kaum das Anziehen einer Jacke mit dieser hohen Emotion verbinden. Dafür haben Sie diese Jacke schon zu oft angezogen oder werden es noch tun, in anderen Situationen. Unser Gehirn bearbeitet nun aber Informationen nie an einer Stelle. Das haben wir ja bereits beim Prozess des Sehens mitbekommen. Tatsächlich wird die Information, was auch immer wir tun, grundsätzlich in seine Einzelteile zerlegt und in verschiedenen Bereichen verarbeitet und abgelegt. Aber nicht nur die eigentliche Information wird gespeichert, sondern auch alles Andere, was dieser Information einen besonderen Wert geben könnte, um Sie schneller wieder zu finden, sich also besser an sie zu erinnern - die sogenannte Eselsbrücke!

Ein weiteres Beispiel: Stellen Sie sich vor, sie sitzen mit Freunden im Wohnzimmer und unterhalten sich intensiv. Da klingelt plötzlich das Telefon. Sie gehen zum Telefon hin, das in einem anderen Raum liegt. Ihr Chef ist dran, oder die Mutter oder wer auch immer. In jedem Fall werden Sie gebeten, etwas Wichtiges zu erledigen. Sie versprechen, es zu tun, legen auf und gehen zurück in das Wohnzimmer, um das Gespräch fortzusetzen. Plötzlich fällt Ihnen auf, dass Sie vergessen haben, was Sie tun sollten. Sie gehen zurück zum Telefon in den anderen Raum, um die Person noch einmal anzurufen. Als Sie aber in dem anderen Raum ankommen, fällt es Ihnen wieder ein.
Wie hängt das zusammen? – Ihr Gehirn hat nicht nur die eigentliche Information, die Sie durch den Hörer erhalten

haben, aufgenommen. Tatsächlich hat Ihr Gehirn ganz nebenbei auch die Farbe des Raumes, die vielleicht andere Temperatur, einen anderen Duft oder bestimmte Gegenstände mit abgelegt. Diese Informationen sind zwar einerseits in seiner Abfolge zeitlich festgelegt, aber weil Sie dafür in eine gänzlich andere Umgebung getreten sind, als Sie davor und danach waren, hatte Ihr Gehirn es leicht, über diese Eselsbrücken wieder zur Information zu gelangen. Wieder sind es die Eselsbrücken.

Hier drehen wir den Spieß allerdings um. Das Besondere, das passiert, wird für uns zur Nebensache, die Eselsbrücke wird dagegen zur Hauptsache. Im Fall der Musik (unser erstes Beispiel) bedeutet das, dass Ihr Gehirn die schöne Erinnerung speichern wollte und sämtliche Informationen und Gefühle gleich mit eingesammelt und gespeichert hat. Je mehr Informationen gespeichert werden können, desto leichter finden Sie die Geschichte in Ihrem Kopf wieder. Sie hören dieses Lied (nur eine mögliche Eselsbrücke) und können sich sofort wieder an die Situation erinnern. Und etwas Wunderbares passiert: Gleichzeitig kommt Ihr altes Gefühl wieder hoch. Aber genau das ist es, was wir wirklich wollen: Selbständig Gefühle (Zustände) zu produzieren, wann immer wir sie brauchen.

Probieren Sie es aus. Sie haben ganz bestimmt einige Lieder, bei denen es Ihnen besonders gut geht, wenn Sie diese hören. Fast jedes Lied birgt zu bestimmten Zeiten eine Erinnerung. Oftmals verblassen diese Erinnerungen, wenn sich unser Fokus ändert (dazu kommen wir noch), aber die mit diesem Lied verknüpften Emotionen bleiben in vielen Fällen trotzdem erhalten. Wie anfangs erwähnt, braucht unser Gehirn zu allem Erlebten auch die Emotionen – sonst ist es unfähig, Entscheidungen zu treffen. Nehmen Sie sich eine CD mit einigen dieser für Sie bedeutsamen Lieder auf. Legen Sie diese CD abends ein, um sie morgens gleich nach dem Aufwachen hören zu können.

Tun Sie sich bitte den Gefallen und suchen Sie tatsächlich jetzt einige Ihrer Lieblings-CDs zusammen. Davon legen Sie eine in den CD–Spieler für den nächsten Morgen. Wenn es jetzt allerdings gerade Morgen bei Ihnen ist, so probieren Sie es gleich. Sollten Sie sich noch eine CD aufnehmen wollen – umso besser, tun Sie es. Vielleicht stellen Sie am Morgen fest, dass sich ein Lied noch nicht so gut anfühlt, wenn Sie gerade aufstehen. Mischen Sie Ihre CD neu. Glauben Sie mir: allein dies wird Ihnen helfen, Ihren Tag besser zu beginnen. Warum wollen Sie es auf den Zufall ankommen lassen und zuerst Radio hören? Das können Sie immer noch im Anschluss tun, um informiert zu sein. Aber passen Sie auf! Wenn Sie in einer Phase stecken, in der Sie leicht aus der Bahn zu werfen sind, kann Ihnen ein falsches Lied im Radio, eine falsche Information oder sogar nur ein falscher Satz die ganze Stimmung verderben.

Um ganz sicher zu gehen, schaffen Sie sich morgens erst einmal Ihre eigene Welt. Überlassen Sie dies nicht dem Zufall. Wenn Ihnen dann, so konditioniert, etwas Gutes gelingt, mögen einige Neider sagen, „der hat nur Glück gehabt". Sie aber wissen, dass Sie dieses Glück selbst produziert haben. Jetzt kommt auch das erste Mal das Gefühl auf, dass man mehr Macht über das eigene Schicksal hat, als man sich in jungen Jahren jemals erträumt hätte. Dies ist aber gerade einmal das Laufen lernen in der Konditionierung!

Stellen Sie sich nun vor: Sie haben einen richtig guten Tag. Gerade ist etwas passiert, was Sie sich richtig stark fühlen lässt. In diesem Moment müssen Sie etwas Außergewöhnliches tun, wie zum Beispiel kräftig auf Ihren kleinen Finger beißen. Wenn Sie das regelmäßig an guten Tagen wiederholen, wird dieses Gefühl zusammen mit dem Beißen auf den Finger fest in Ihrem Gehirn verankert. Sie sind nun konditioniert. Eines Tages müssen Sie in die Vorstandssitzung und Ihnen ist gar nicht wohl zumute. Jetzt beißen Sie fünf- bis sechsmal kräftig auf Ihren

Finger. Tatsächlich wird sich nun ein Gefühl der Stärke einstellen. Das funktioniert natürlich nicht, wenn Sie beim Beißen echte Schmerzen verspüren und Ihnen dadurch das gute Gefühl verloren geht. Für den Ungeübten ist es in solchen Momenten einfacher, eine Faust zu ballen und den Arm mit einer schnellen Bewegung an den Körper zu ziehen. Dabei können Sie in Gedanken noch ein Wort schreien, wie zum Beispiel „Jaaa"!

Üben Sie also zunächst mit den einfachen Dingen und steigern Sie sich langsam. Niemand verändert die Welt an einem Tag. Auch wenn das von Manchen behauptet wird, so liegt es doch eher daran, dass wir den Vorbereitungsweg dieser Person bis zu diesem Tag außer acht lassen.

Eine ganz bestimmte Emotion ist sehr leicht einzuschätzen: Wenn Sie richtig „gut drauf" sind und herzhaft lachen können. Sie werden in der Situation erst einmal nicht viel darüber nachdenken, aber sobald Sie das tun, reagieren Sie bitte sofort und machen etwas Ungewöhnliches. Sollte Ihnen dann mal der nötige Humor wider Erwarten in einer Ihnen wichtigen Situation fehlen, können Sie jederzeit ein wenig nachhelfen. Sie dürfen es allerdings auch nicht überstrapazieren. Wenn Sie es einige Male genutzt haben, müssen Sie es auch immer wieder verstärken, sozusagen nachbessern.

Aber Vorsicht, wie alle Dinge ist auch dieses Verfahren ein zweischneidiges Schwert. Sie können hierbei auch jede Menge negativer Gefühle sammeln. Tatsächlich ankern wir täglich, ohne es zu merken, positive wie negative Gefühle. Die meisten sind nur sehr schwach, so dass sie schnell wieder verloren gehen in den Tiefen unseres Speichers. Andere Gefühle aber bleiben und es sind weiß Gott nicht immer die guten Gefühle.

Nehmen wir folgende, variabel gestaltbare Situation. Sie sind bei der Arbeit seit Monaten als Projektleiter für ein verheißungsvolles Projekt eingesetzt. Freitag ist Abgabetermin.

Heute ist Montag und Sie stellen fest: da hat Sie jemand im Team auflaufen lassen, so dass Sie am Freitag unmöglich präsentieren können. Sie versuchen, einen Aufschub bei Ihrem Chef zu bewirken. Der gerät vor Wut außer Kontrolle, droht mit Kündigung. Zu viel hängt von dieser Präsentation ab. Man hatte Ihnen vertraut. Sie sind stinksauer, fühlen sich allein gelassen, ausgebootet, ringen nach einer Lösung. Mit all Ihrem Zorn kommen Sie nun abends nach Hause. Ihre Frau will Ihnen helfen, will alles ganz genau wissen. Sie aber haben keine Zeit für lange Gespräche, müssen etwas tun. Die Kommunikation zwischen Ihrer Frau und Ihnen misslingt etwas. Sie sind ohnehin genervt und sie kann nicht helfen. Sie sehen Ihr Gesicht! Zweiter Abend, gleiches Spiel. Und dabei schauen Sie in das Gesicht Ihrer Frau! Dritter Abend, Sie sind immer noch gereizt, verletzt,... und Sie sehen ihr Gesicht! Dann kommt der große Tag. Sie haben im letzten Moment die Situation gerettet, bekommen viel Lob, sind richtig „gut drauf". Jetzt gehen Sie gut gelaunt nach Hause, sehen das Gesicht Ihrer Frau „und Zack" - das war's mit der guten Stimmung. Allerdings können Sie in diesem Moment Ihre Gefühle nicht genau ordnen.

Ich will nicht sagen, dass es in einer solchen Lage so enden muss, aber oft genug sammeln sich gerade im Eheleben solche Erlebnisse. In guten Beziehungen hinterlässt es kaum Spuren. Früher oder später ist das Fass jedoch voll und wir rennen in die nächste Beziehung, weil wir uns zum eigenen Partner nicht mehr so hingezogen fühlen. Man muss früh genug gegensteuern. Viele Menschen sind am Anfang einer Beziehung auch ganz euphorisch. Kein Wunder, wenn man noch keine negativen Verbindungen zum Partner aufgebaut hat. Wir müssen lernen, diese Dinge genau zu beobachten, wenn wir im Zwischenmenschlichen bestehen wollen. Ich behaupte nicht, dass es immer einfach ist. Einfach ist es, sich auf die Couch zu legen und den Fernseher anzumachen.

Erfolg bedarf einiger Anstrengung. Vielleicht erfinden die Menschen deshalb so viele Ausreden, warum Sie etwas nicht können (obwohl sie es doch wollten). Sie müssen nicht aktiv werden. Wenn Sie doch nur wüssten, was für ein aktives Leben sie im Gegenzug bekämen!

Wenn Sie sich mit dem letzten Beispiel vielleicht nicht so ganz identifizieren können, versuchen wir noch ein anderes. Wir alle hatten schon einmal einen Moment, an dem wir tief traurig waren. Etwas für uns sehr Schlimmes war passiert. Sagen wir: Ihre große Liebe hat Sie verlassen und Sie verstehen die Welt nicht mehr. Wenn Ihnen das bisher noch nicht passiert ist, dann kommt es ganz sicher noch. Das klingt nicht sehr motivierend, nicht wahr? – Es gibt natürlich auch Ausnahmen, jedoch gilt: „Everybody's sombody's fool!"

Wenn Sie jetzt denken: „Wie ist der denn drauf, ich dachte dieses Buch soll motivieren!", dann versichere ich Ihnen, dass diese Situationen mit etwas Abstand betrachtet viel bereitstellen werden, um zu wachsen. Das mag nur der oder die Verlassene in dem Moment nicht hören. Gut, wir sind also verlassen worden und zunächst am Boden zerstört.

Jetzt stellen Sie sich vor, dass in dieser Situation gute Freunde vorbei kommen, um Sie aufzuheitern. Jeder von Ihnen hat ein eigenes Rezept dafür. Aber nehmen wir einmal an, alle machen eine Sache gleich, zumindest für diesen Moment gemeinsam. Sie klopfen Ihnen immer wieder auf Ihre rechte Schulter. Dabei treffen sie alle die gleiche Stelle mit demselben Druck und Rhythmus. Analysieren wir die Situation einmal nach B.F. Skinner: Hier haben wir zum einen die hohe Emotion. Zudem haben wir eine nicht alltägliche Begebenheit, die auch noch massiv trainiert wird - Immer wieder das gleiche Schulterklopfen. Wenn das für Ihr Gehirn anfänglich nur eine leichte Verbindung darstellte, haben Sie nach einer Weile eine sehr direkte Kopplung zwischen dem Klopfen auf der Schulter und der Emotion hergestellt.

Jetzt stellen wir uns folgende Situation vor: Es ist ein Jahr vergangen und Sie fühlen sich wieder richtig gut. Sie befinden sich auf einer Party, stehen in der Küche und unterhalten sich angeregt mit ein paar netten Leuten. Da kommt ein Freund herein, geht direkt auf Sie zu, fragt, was denn noch so anstehe und, ja, und klopft Ihnen im besagten Rhythmus und mit dem entsprechenden Druck auf Ihre rechte Schulter... und schon ist es um Sie geschehen. Ihre Gedanken kreisen auf einmal wieder um Ihre/n Ex. Viel schlimmer aber noch, Sie feuern das gleiche schlechte Gefühl wieder ab wie vor einem Jahr und Sie wissen noch nicht einmal warum! Dabei glaubten Sie, schon längst über die Geschichte hinweg zu sein.

Dies macht auch verständlich, warum so viele nach einer Trennung so sehr nach Veränderung suchen. Sie tapezieren die Wohnung neu, meiden teilweise die gemeinsamen Freunde, wenn sie nicht gerade versuchen, den oder die Ex noch zurückzugewinnen. Das alles kann sehr hilfreich sein, um den Partner aus dem Kopf zu bekommen.

Wichtiger allerdings müsste sein, bestimmten Dingen, die uns auch weiterhin begleiten, eine neue Bedeutung zu geben, sich hierbei also ganz gezielt umzuprogrammieren. Das kann man tun, indem man eine Sache herausnimmt, die man direkt mit dem oder der Ex verbindet. Jetzt müssen Sie diese betrübende Sache einer Ihrer stärksten positiven Emotionen gegenüberstellen.

Ein Beispiel: Immer wenn es nachts gewitterte, bekam die Frau Angst und kuschelte sich eng bei dem Mann an. Dies führt immer genau dann zu sehr schönen Situationen. Die Erinnerungen sind nun sehr fest geankert. Zu jedem Gewitter kommen zunächst einmal die schönen Zeiten mit dem oder der Ex auf, damit verbunden ist jetzt aber auch der große Schmerz.

Sie haben allerdings auch bestimmte Lieder, die nichts mit der Ex-Partnerin oder dem Ex-Partner zu tun haben. Diese Lieder müssen mit starken positiven Emotionen verbunden sein. Wenn

Sie diese ganz gezielt bei einem Gewitter anmachen, dann feuern Sie zwei gegensätzliche Gefühle ab. Das Gehirn läuft auf Hochleistung. Im Übrigen ist es sehr wohl möglich, gegensätzliche Gefühle gleichzeitig zu erleben. Jetzt ist entscheidend, welches Gefühl überwiegt. Um deutlicher zu werden: Es ist mit entscheidend, welches Gefühl Sie überwiegen lassen *wollen.* Sie müssen sich dessen im Vorfeld völlig bewusst sein. Ihr Wille entscheidet. Das mag sehr banal klingen. Tatsächlich ist es das auch. Dies ist ein sehr einfaches Hilfsmittel, das in Kombination mit dem noch Folgenden wahre Wunder in der Zustands-änderung vollbringen kann.

Ich möchte noch ein Wort zum Willen wiedergeben. Der Wille ist ein wichtiger Faktor. Wenn ich vorher bereits erwähnt habe, dass positives Denken ein entscheidender Faktor für Erfolg ist, so haben Sie hier den zweiten wesentlichen Aspekt zum Erfolg: den Willen. Da gibt es ja viele, die behaupten, man habe ihn oder aber man habe ihn nicht. Ich kann Ihnen versichern, dass jeder normale Mensch ihn tatsächlich hat. Bei manchen ist er nur mehr ausgeprägt als bei anderen. Wie es dazu kommt, was uns motiviert, mit Willen voranzugehen, oder doch lieber den Dingen ihren Lauf zu lassen, ist nun endlich auch unser Einstieg in die faszinierende Gebrauchsanweisung unseres Gehirns.

Wunsch und Wirklichkeit

Die meisten Menschen versuchen jedes Jahr aufs Neue, den großen Wurf zu landen, und so jagen sie dem Glück hinterher, denn sie überschätzen, was in einem Jahr möglich ist. Sie unterschätzen aber bei weitem, was alles Unglaubliches in nur sieben Jahren geschaffen werden kann, und zwar solide und sicher.

Ich glaube, dass es keinen Menschen gibt, bei dem zwischen Wunsch und Wirklichkeit nicht eine große Lücke klafft. Ich höre zu diesem Thema immer wieder Menschen sagen, dass das für sie nicht gelte. Sie hätten alles, was sie wollten. Mehr bräuchten sie nicht. Es ist schön, wenn diese Leute so bedürfnislos durchs Leben gehen können. Sie gleichen in ihrer Bescheidenheit beinahe einem hohen buddhistischen Mönch. Die scheinen auch bedürfnislos, verfolgen aber dennoch Ihre Ziele.
Kein Mensch ist auf der Welt, um nichts zu tun. Egal, wonach wir streben, wir haben alle unsere Ziele. Die meisten Menschen sind sich dessen bloß nicht bewusst. Trotzdem entwickelt sich jeder Mensch ständig weiter. Wer aktiv lebt, entwickelt sich etwas schneller als die Passiven, aber auch die wachsen an ihren Erfahrungen.
Einige sagen auch, sie bräuchten all das nicht, denn sie lebten in der Einheit mit Gott. Sie müssten nicht mehr wachsen. Sie hätten alles, was Sie zum Leben benötigten. Nun, ich glaube auch an Gott. Ich glaube aber, dass ich nicht mehr hier wäre, wenn ich schon alles erreicht, sprich alle Erkenntnisse ge-sammelt hätte, die für meine Seele wichtig sind. „Nein", höre ich dann, „wir werden immer noch geprüft." Aber birgt nicht jede Prüfung eine Erkenntnis und bringt nicht jede Erkenntnis Wachstum? Aber um sicher zu gehen, dass ich in die richtige

Richtung wachse und dieses Wachstum nicht dem Zufall überlasse, brauche ich eine Richtung. Ich brauche ein Ziel oder Ziele.

Ich glaube, dass man versuchen sollte, alles zu erreichen, was man will, solange es anderen Lebewesen keinen Schaden zufügt. Jedoch sollte man sich selbst vorher kennen, sich seiner selbst bewusst sein. Das ist nicht wirklich schwer, aber sehr wichtig. Alles das, was ein Mensch geschaffen hat, der in einer ähnlichen körperlichen und geistigen Verfassung ist wie wir, können wir auch schaffen.

> *„Wozu wir Menschen im Stande sind, ist unglaublich. Was wir tatsächlich tun, ist dagegen eher armselig."*

Bringen Sie also Wunsch und Wirklichkeit zusammen! Können Sie sich noch an Ihre Kindheitsträume erinnern? Was ist daraus geworden? – Ich weiß, was Sie jetzt sagen wollen: „Das waren doch Kindheitsspinnereien. Das brauche ich doch nicht wirklich. Ein dickes Bankkonto? Wozu, das macht mich auch nicht glücklicher!"
Richtig, wer schlechte Launen ausleben will, findet immer einen Grund, ob mit oder ohne Geld. Aber gibt Ihnen das dicke Bankkonto in Zeiten der Unsicherheit nicht ein Gefühl von Sicherheit? Und können Sie dadurch nicht auch viele Dinge gelassener sehen? Bis zu einer gewissen Summe wird das Leben im Allgemeinen tatsächlich leichter. Ab einem bestimmten Betrag wird Geld zu Macht. Wer nicht gelernt hat, mit Macht umzugehen, zeigt spätestens jetzt ein anderes Gesicht.
Was aber ist, wenn ich diese angenehmen Gefühle spüre? Machen sie dann nicht wenigstens ein kleines bisschen glück-

licher? – Wir wissen doch, dass jeder positive Gedanke die Grundlage für jeden weiteren positiven Gedanken ist.

Ich halte also dagegen: Das sind alles Ausreden. Ausreden, um nicht aufstehen zu müssen, um nicht zu scheitern zu können, um dann nicht ausgelacht werden zu können. Angst zu versagen! – Aber warum? Lernen Sie, was sich tatsächlich dahinter verbirgt und nehmen Sie Ihre Wünsche wieder auf!

Warum also werden wir nicht aktiv, obwohl wir es wollen? Ich habe schon einmal die Frage gestellt, warum wir das, was wir doch so sehr ersehnen, nicht auf die Reihe bekommen. Das war die Sache mit dem Buch. Sie erinnern sich, dass wir darüber gesprochen haben, dass Sie dieses Buch nicht zufällig in der Hand halten. Vielleicht war es ein ähnliches Buch wie dieses. Sie haben ein Buch gelesen und sind vollkommen begeistert. Sie haben sich fest vorgenommen, gleich morgen loszulegen. Dann aber passierte nichts. Sie hingen fest, hatten noch so viele andere Dinge zu klären.
Warum spricht jemand eine Frau in einer Bar an, die er attraktiv findet und warum tut das ein anderer aber nicht? Ist es die Angst vor Zurückweisung, die uns bremst? Ist es die Angst, den Partner für das Leben zu verpassen, die uns beflügelt? Warum geht man als Schüler nicht gern an die Tafel, wenn man unsicher ist? – Der Lehrer ist dann doch ganz für einen da und kann einem viel besser helfen. Ist es die Angst, ausgelacht zu werden? Warum tut der Eine alles dafür, mit einem Fallschirm springen zu dürfen und warum tut ein Anderer alles dagegen?

Es gibt viele Gründe, warum wir etwas nicht tun wollen. Versuchen wir einmal eine Liste aufzustellen:

- ➤ Es macht einfach keinen Spaß
- ➤ Es ist langweilig
- ➤ Angst, ausgelacht zu werden
- ➤ Angst vor Zurückweisung
- ➤ Angst, zu versagen
- ➤ Angst, sich einfach nur zu blamieren
- ➤ Es könnte wehtun
- ➤ Es kostet zu viel Geld
- ➤ Man könnte dabei pleite gehen
- ➤ Man könnte Freunde verlieren
- ➤ Was fällt Ihnen noch hierzu ein?

Wir könnten diese Liste auf ein Vielfaches verlängern, aber lassen Sie uns mal eine Positiv-Liste erstellen. Warum tun wir die Dinge, die wir tun?

- ➤ Sie machen Spaß
- ➤ Man fühlt sich wohl dabei => gutes Gefühl
- ➤ Man bekommt einen Kick
- ➤ Man erhält Komplimente, eine Belohnung oder Beförderung
- ➤ Man bekommt viel Geld dafür
- ➤ Manche Dinge müssen einfach getan werden
- ➤ Wenn man sie nicht erledigt, gibt es Ärger

Auch hier gibt es mit Sicherheit eine lange Liste von Gründen. Wenn Sie beiden Listen eine Überschrift geben müssten, wie würde diese heißen? Könnte man sagen, dass die erste Liste Situationen beschreibt, die Sie irgendwie mit Schmerz verbinden? In der zweiten Liste stehen eher die Dinge, die Sie mit Freude verbinden, oder aber, sie bedeuten zumindest doch weniger Schmerz, als wenn Sie sie nicht erledigen würden.

Wie durchbrechen wir nun aber diesen Kreislauf, in dem unsere Glaubenssätze unser Verhalten lenken und das Ergebnis dieses Verhaltensmusters unsere Glaubenssätze wiederum verstärkt?
Wir haben bereits gesagt, dass wir an unserem Zustand arbeiten können, indem wir Anker setzen. Aber was tun wir damit genau? – Wir greifen damit in die Kommunikation mit unserer Umwelt ein. Und dabei gehen wir tiefer, als es Worte jemals vermögen. Gehen Sie davon aus, dass Worte in der Überzeugung für mein Gegenüber nur sieben Prozent ausmachen. Wir überzeugen viel stärker mit der Stimme, unserer Mimik und Gestik.

Worte:	7 %
Stimme:	38 %
Physiologie:	55 %

Allein bei der Stimme rechnen wir die Geschwindigkeit der Sprache hinzu, Schlüsselwörter, Lautstärke, Tonalität und Vieles mehr. In der Physiologie geht es nicht nur um unsere Körperhaltung, sondern gerade auch um die Geschwindigkeit der Bewegungen, die Atmung und die gesamte Mimik. Ich denke, es ist an der Zeit, uns diesem Bereich zu widmen: Verstehen Sie zu lernen, welchen Einfluss die Physiologie auf unseren Erfolg hat und wie Sie diese beeinflussen können – für Ihren Erfolg und ein erfüllteres Leben.

Physiologie

Ich möchte den Einfluss der Physiologie auf unseren Gefühlszustand von zwei Seiten betrachten. Zunächst einmal psychologisch. Danach werde ich noch einmal auf die Hardware, das Gehirn, eingehen und Ihnen ein einfaches Erklärungsmodell dafür bieten, damit Sie verstehen, was da eigentlich in unserem Kopf passiert.

Psychologische Aspekte

Um etwas zu fühlen, nutzen wir unser Nervensystem. Unser gesamter Körper wird gelenkt über ein hochkomplexes System von Nervenbahnen, die in beide Richtungen kommunizieren. Selbst eine einfache Bewegung des Beines bedarf eines Befehles vom Gehirn. Innerhalb von Sekundenbruchteilen laufen permanente Rückmeldungen des Beines über seine Position zum Gehirn zurück, gleichzeitig ist der gesamte Körper einbezogen. Wird das Gleichgewicht gehalten? Die Augen signalisieren, ob es vielleicht bergauf geht. Unzählige Informationen laufen simultan ab.

Die Art, wie wir gehen, stehen, sprechen oder uns bewegen, beeinflusst permanent unsere Gedanken. Tatsächlich verbinden wir mit jeder Körperhaltung, Mimik und Gestik bestimmte Emotionen. Wer schnell läuft, ist in einer anderen Emotion als jemand, der still sitzt. Wer hat folgenden Spruch nicht schon zu hören bekommen: „Geh und tu was, lenk Dich ab", das war sehr beliebt, wenn man als Kind betrübt im Zimmer herumhing. Die Ablenkung führt erst einmal zu einer anderen Körperhaltung. Nehmen wir ein weiteres Beispiel: „Mach Dich gerade!"

– Was tendenziell als blöder Spruch abgetan wird, birgt jedoch eine tiefere Bedeutung. Die veränderte Körperhaltung allein führt nämlich bereits zu anderen Emotionen.

Die Änderung des Gemütszustandes über die Physiologie lernt man zum Beispiel in der Schauspielerei. Offensichtlich ist es dort so selbstverständlich, dass kaum einer wirklich intensiv über die Möglichkeiten nachgedacht hat, die sich dabei der breiten Masse für das tägliche Leben eröffnen könnten. Ein Schauspieler, dem es nicht gelingt, sich in eine Emotion hineinzudenken, sucht sich eine Person, die sich in eben dieser Emotion befindet. Er nimmt die Körperhaltung ein, versucht genauso zu atmen, alles abzugleichen. So gelangt er in die entsprechende Stimmung.

Die Körperhaltung, Mimik und Gestik sowie Atmung sind entscheidend für unsere Gedanken. Zwischen Körper und Geist besteht eine Wechselbeziehung. Sie bedingen einander. So wie der Geist nicht ohne Körper kann, kann der Körper nicht ohne Geist. In diesem Zusammenhang haben wir ja bereits über die Hormone gesprochen. Hier geht es aber um eine kurze, eher oberflächliche Betrachtung.
Wir wissen bereits, dass unser Geist sich alles merkt und nichts wirklich vergisst. Gerade unser implizites Gedächtnis arbeitet noch dann, wenn wir explizit keine Zusammenhänge mehr sehen können. Ein Beispiel: Wenn Sie immer Ihre Mundwinkel hochziehen, sobald Sie lachen, ist Ihr Geist darauf trainiert (konditioniert). Er wird Glückshormone ausschütten, sobald Sie nur lange genug die Mundwinkel hochziehen. Bei einigen Menschen passiert das innerhalb kürzester Zeit. Wer zu den extrem negativ konditionierten Menschen gehört, wird etwas länger benötigen, um eine anhaltende Änderung herbeizu-führen.

Tatsächlich hat man an der Universität von Kalifornien mit schwer depressiven Menschen folgenden Versuch unternommen: Die Probanden mussten sich jeden Tag zwanzig Minuten in gerader Körperhaltung hinsetzen und mit tiefer Atmung und erhobenem Blick in den Spiegel grinsen. Bereits nach zwei Wochen stellte sich bei den meisten eine deutliche Besserung des Gemütszustandes ein.

Das ist übrigens eine sehr gute Übung für jeden von uns. Versuchen Sie es. Setzen Sie sich morgens für nur drei Minuten gerade auf einen Stuhl und grinsen vor sich hin. Ich habe den Selbsttest gemacht und muss sagen, dass man schon gute Gründe braucht, um so etwas durchzuhalten. Die Wangen verkrampfen sich recht schnell. Tun Sie das am besten, wenn niemand im Haus ist. Zumindest sollten Sie sicher gehen, dass keiner in den Raum kommt. Sollten Sie nämlich eine lästernde Bemerkung über Ihr Grinsen einstecken müssen, haben Sie die Übung verfehlt.

Stellen Sie sich vor, es würde gleich jemand zu Ihnen kommen, der gerade in einer depressiven Stimmung steckt. Was glauben Sie, wie dieser daherkommt? – Hat er hängende Schultern mit hängendem Kopf oder kommt er erhobenen Hauptes mit geschwollener Brust herein? – Sehr wahrscheinlich werden Sie jetzt sagen: „Es sind wohl eher die hängenden Schultern!" Wie ist sein Blick? Wird er Sie anstrahlen mit einem breiten Lachen, oder hat er doch eher einen geschlossenen Mund und starre Mine? Wird er auf Sie zuspringen oder doch eher lustlos gemächlich gehen? – Wohlgemerkt, wir reden von depressiv, nicht von wütend! – Er wird wahrscheinlich die starre Miene aufgelegt haben und lustlos daherkommen. Merken Sie etwas? – Offensichtlich verfügen wir alle über ähnliche Vorstellungen von diesem Gemütszustand. Und genauso haben wir auch in Bezug auf jeden anderen Zustand eine Konditionierung in unserem impliziten Gedächtnis. Das willentliche Abrufen einer bestimmten Kombination aus Mimik, Gestik, Körperhaltung und

Atmung führt zum Stimmungswandel. Wer sich nicht gut fühlt, möchte den Zustand ändern und greift häufig unbewusst zu Mitteln, die rein auf die Physiologie wirken.

So führt selbst bloßes Essen zu einem veränderten Körperbewusstsein – im wahrsten Sinne des Wortes: Blut fließt vermehrt in die Magengegend, irgendwann stellt sich ein Sättigungsgefühl ein. Der gesamte Kreislauf ist involviert. Viele Menschen essen aus Frust den halben Kühlschrank leer und erhoffen sich so - auch wieder unterbewusst - einen veränderten Gemütszustand. Wenn man Alkohol trinkt, fängt man schon sehr bald an, sich anders zu bewegen. Die veränderte Bewegung allein führt bereits zu einem anderen Bewusstsein. Nun gut, der Alkohol tut sein Übriges.

Wie sehr aber einfache Bewegungen bereits gedankliche Veränderungen herbeiführen, sollten Sie unbedingt ausprobieren.

Machen wir jetzt mal einen einfachen Test:
- ➢ Stellen Sie sich hin und nehmen Sie die Arme waagrecht auseinander.
- ➢ Jetzt führen Sie mit ausgestreckten Armen die Hände zusammen, indem Sie langsam bis zehn zählen.
- ➢ Bei zehn sind die Hände zusammen.
- ➢ Danach zählen Sie wieder bis zehn und gehen in die Ausgangsposition zurück.

Machen Sie diese Übung dreimal hintereinander. Wenn Sie das getan haben, lesen Sie weiter.

Sind Sie fertig?

Merken Sie sich, was Sie empfunden haben.

Jetzt machen Sie die gleiche Übung noch einmal. Nur dieses Mal zählen Sie nicht langsam mit. Stattdessen bringen Sie die Hände und Arme so schnell auseinander und zusammen, wie Sie nur können. Das Ganze zehnmal. Los geht's!

Na, was haben Sie jetzt empfunden?
In 97 Prozent der Fälle sollte jetzt ein klares Statement folgen: Bei der langsamen Bewegung waren Sie weniger „gut drauf" als bei der schnellen. Wenn Sie allerdings dieses Empfinden nicht nachvollziehen konnten, dann sollten Sie diese Übung unbedingt noch einmal, dann aber mindestens zu zweit durchführen.

Geschwindigkeit spielt eine wesentliche Rolle bei den Emotionen. Wenn wir richtig guter Laune sind, dann sind wir schneller in unserem Denken und Handeln. Wenn nicht, dann sagt man uns nach, wir seien heute so richtig lahm, träge oder stünden auf der langen Leitung.
Haben Sie sich einmal Gedanken darüber gemacht, wie Ihre Körperhaltung zusammensackt, wenn Sie kaputt sind? Dabei sinkt dann auch gleich die Wirkung auf andere.
Wir beurteilen die Menschen schließlich auch nach ihrem „Auftritt". Ich habe noch keinen erfolgreichen Geschäftsmann getroffen, der über den Boden schlurfend daherkam oder mit einem Händedruck wie einen feuchten Schwamm.
All das sind die Signale unseres Körpers. Nicht umsonst gehen so viele Menschen in Rhetorik-Kurse und lassen sich hinsichtlich ihrer Wirkung auf andere beraten. Leider wird hier wenig über das Zusammenspiel zwischen Körper und Geist verraten. Es geht dabei fast nur um die Außenwirkung. Ob man dabei authentisch wirkt, ist leider meistens zweitrangig. In vielen Fällen kann ich deshalb von solchen Kursen nur abraten. Da wird oft Zeit und Geld verschwendet. Sollten Sie der Meinung sein, Sie bräuchten das, weil Sie Seminare halten und

moderieren müssen, dann lernen Sie lieber, an Ihrer Körperwahrnehmung zu arbeiten. Lernen Sie zu ankern und vor allem, lernen Sie Ihren Text vorwärts, rückwärts und seitwärts. So getrimmt erzählen Sie im Ernstfall ein paar Anekdoten und was Sie so denken. Den Text können Sie nebenbei einfließen lassen. Den beherrschen Sie ja aus dem Effeff.

Mein Tipp: Halten Sie sich gerade! Das ist bestimmt nicht immer so leicht. Aber ich habe auch nie behauptet, dass es einfach ist, erfolgreich zu sein. Wer es einfach haben will, der kann sich auf das Sofa legen und den Fernseher einschalten. Das ist auch eine Form der Körperhaltung... Im Kontext der geistigen Einstellung ist nicht umsonst von „Stellung" die Rede. In unserem Sprachgebrauch steckt viel altes Wissen. Die Einstellung bestimmt den Standpunkt, wie wir also zu der Sache stehen, welche Haltung wir einnehmen. Offensichtlich zeigen diese Phrasen den engen Bezug zwischen geistiger und körperlicher Haltung. Ihnen fallen hierzu bestimmt noch mehrere Beispiele ein.

Diese Erkenntnisse wurden in der Vergangenheit gerne genutzt, um Überlebenstrainings in der Wildnis als Management-Schulungen anzubieten. Und die wurden dann ja auch zahlreich genutzt. Man spricht hier zwar in erster Linie von den Erfahrungen im Überlebenskampf, dem Willen, durchzustehen und von jeder Menge Selbsterkenntnissen. Jedoch wird der Faktor der körperlichen Aktivität an sich gar nicht ernsthaft genug in der Aufarbeitung berücksichtigt. Sicherlich spricht man von den Strapazen. Die veränderte Gemütslage, die sich allein durch die gesteigerte Aktivität einstellt, erfährt hier allerdings zu wenig Beachtung. Tatsächlich kann ein ähnlich aktives Wochenende ohne Survival-Training auch ähnliche Effekte erzielen.
Wenn Sie jetzt denken, dass der Kick eher darin bestehe, den Überlebenskampf zu meistern, dann haben Sie recht. Sollten

Sie der Meinung sein, dass man ähnliche Gefühle auch einfacher erzeugen könne, ist das ebenfalls korrekt. Man kann dieses Thema von unterschiedlichen Seiten betrachten. Nicht jeder, der in den Dschungel fährt oder auf Bäume klettert, braucht diese Erfahrung tatsächlich, um zu den gewünschten Ergebnissen zu gelangen. Es kann allerdings trotzdem sehr viel Spaß machen.

Der neurobiologische Aspekt

Für alles, was wir tun, ganz gleich ob wir den Arm bewegen, das Bein heben oder laufen, bedarf es einer Steuerung aus dem Gehirn. Hierfür ist das Stammhirn zuständig. Von hier aus fließen die gesamten Botenstoffe und Reize an ihre entsprechenden Stellen im Körper, damit dort der Befehl ausgeführt wird. Wir sprechen von tausenden Befehlen gleichzeitig. Wenn ich laufe, dann muss mein Herzschlag angepasst werden, und zwar in Bezug auf die Muskelfrequenz meiner Beine. Die Kapillargefäße in den Beinen müssen sich öffnen, damit das Blut die Muskeln ausreichend mit Sauerstoff versorgen kann. Die Poren meiner Haut müssen sich ebenfalls ab einem gewissen Punkt öffnen, um den Wärmehaushalt zu regulieren. Meine Arme und der gesamte Oberkörper müssen parallel dazu in der Bewegung für Ausgleich sorgen, damit ich nicht während des Laufens umkippe.

Ich möchte hier allerdings nicht die nächsten hundert Seiten mit dem füllen, was neurobiologisch so alles passiert. Viel interessanter ist die Frage, wie das alles so perfekt zusammenspielt. Wer sorgt dafür, dass wir nicht unkoordiniert sabbern, wenn wir uns freuen oder durch die Gegend laufen wie ein Baby bei seinen ersten Schritten? – Nein, unser Körper arbeitet wie ein Orchester in völligem Einklang. Alle Bereiche spielen harmonisch zusammen, weil wir einen Dirigenten besitzen. Der sitzt über dem Stammhirn und gibt Anweisungen.

Der Dirigent hat für jede Aufgabe eine fertige Anweisung in allen Details für den gesamten Körper. Wenn ich also laufen will, sagt der Dirigent dem Stammhirn: „Achtung, hier kommt das Standard- Laufmuster und leitet alle entsprechenden Maßnahmen ein, weil sie diesem Muster bereits zugeschrieben sind, tausende Male von klein auf einstudiert.

Wir haben in unserem Kopf eine Stelle, wo alle Muster festgeschrieben sind. Denken Sie einmal daran, was wir oben über die Körperhaltung und Mimik eines Depressiven gesagt haben.
An dieser Stelle werden die Emotionen gemacht. Emotionen finden im Körper statt: Habe ich eine bestimmte Körperhaltung mit der entsprechenden Mimik, habe ich eine bestimmte Emotion. Aber für jede Körperhaltung gibt es eine Entsprechung im Gehirn. Der Körper als Ausdruck des Geistes – und umgekehrt. Ja, es ist sehr wichtig, das immer wieder herauszustellen, dass wir die Dinge von beiden Seiten betrachten können.

Wo kommen jedoch diese Muster her? – Wir haben zunächst einmal von unserer Umgebung die bekannten Muster anzunehmen. Wir haben einfach nachgemacht, was uns unsere Eltern, Geschwister und Freunde so vorgemacht haben. Wir haben die Dinge frei interpretiert und angewandt, je nach eigener Stimmung, die uns die jeweiligen Situationen auferlegt haben. Muster sind auch eng gekoppelt mit Vorurteilen. Ich möchte dieses Wort „Vorurteil" als einen übergeordneten Begriff gebrauchen, damit Sie das vorherrschende Prinzip dabei verstehen. Vorurteile sind nicht schlecht. Wenn Sie kein Vorurteil über Tische und Stühle hätten, dann könnten Sie in eine Besprechung kommen und sich auf den Tisch setzen. Und wenn Sie kein Vorurteil darüber hätten, wie man sich zu benehmen hätte, dann legten Sie sich womöglich gleich in der Sitzung auf den Tisch und jubelten laut. Jetzt verstehen Sie vielleicht ein wenig besser, was ich damit meine.

Um ganz sicher zu gehen möchte ich noch ein Beispiel anbringen. Stellen Sie sich vor, Sie seien im Rathaus und suchten eine bestimmte Person. Man sagt Ihnen, Sie sollten mal in Zimmer 112 gehen. Jetzt stehen Sie vor der Tür. Ein Schild hängt daran mit der Aufforderung „Bitte eintreten". Die Tür ist aber zu (nicht abgeschlossen, nur zu). Was würden Sie tun? – Wahrscheinlich würden Sie mit Ihrer Hand auf den Türgriff drücken und die Tür öffnen. Aber woher wissen Sie, dass Sie auf den Türgriff drücken müssen, um durch die Tür zu gehen, wenn Sie zum ersten Mal vor dieser Tür stünden? Jetzt werden Sie vielleicht sagen: „Das weiß doch jeder!" – Ja, aber warum wissen Sie das? – Weil Sie einen Vorurteil über Türen und Türgriffe haben. Sie sagen: „Wenn ich durch eine Tür gehen will, muss ich auf den Griff drücken." Dies ist ein Vorurteil. Sie haben als kleines Kind die Anderen beobachtet, wie die es machen und haben es einfach nachgemacht. Ein Vorurteil muss nicht immer richtig sein, es gibt Ihnen aber die erste Option zum Handeln.

Wenn Sie jetzt vor einer Tür stünden und ich sagte Ihnen, dass diese Tür nur aufgehe, wenn Sie oben rechts zweimal klopfen, würden Sie das dann tun? Nehmen wir an, die Tür ist tatsächlich derart präpariert, dass sie ausschließlich durch zweimaliges Klopfen oben rechts aufgeht. Dabei ist es egal, ob Sie es gleich ausprobieren oder doch lieber erst einmal auf den Türgriff drücken. Mich interessiert jetzt, was Sie mit der Erkenntnis machen würden, nachdem Sie die Tür durch Klopfen geöffnet hätten. Würden Sie von hier an nur noch jede Tür durch zweimaliges Klopfen öffnen oder würden Sie auch die nächste Tür wieder ganz normal am Türgriff öffnen?

Normalerweise würden Sie die nächste Tür natürlich wieder am Türgriff öffnen. So ist das nun einmal mit Vorurteilen. Einmal geprägt, lässt man nicht mehr so schnell davon los. Die neuen Erkenntnisse und Möglichkeiten werden ein Vorurteil nicht umstoßen. Sie müssen sich als zweite Option hinten anstellen. In der Regel braucht es sieben Gegenbeispiele, um ein einmal geprägtes Vorurteil umzustoßen.

Unser Gehirn hat demnach sehr viele positive Erfahrungen gesammelt, damit es dem Prinzip „Vorurteil" den Vorrang gibt. Um nicht zu sagen, dieses Prinzip garantiert das Überleben des Organismus. Es gewährleistet darüber hinaus schnelles Handeln. Anstatt jedes Mal erst zu überlegen, was ich mit den Dingen mache, wenn ich einen Raum betrete, ziehe ich wie selbstverständlich meine erste Option und setze mich beispielsweise auf den Stuhl, trinke Kaffee aus einer Tasse oder spreche mit den umstehenden Menschen in der Landessprache. Es wäre zum Beispiel auch ein bisschen komisch, wenn Sie mit Ihrem Chef umgehen würden wie mit Ihrer Tochter.

Diese Vorurteile über jeden Aspekt des Lebens, etwa wie man richtig läuft, bauen unsere Muster im Gehirn auf. Und diese wiederum lenken unseren Körper und somit unsere Emotionen. Ja, unsere Emotionen stecken im Körper fest. Egal, welche Haltung wir einnehmen, sie ist immer fest verbunden mit einer Emotion.
Wie nutzen die meisten Menschen diese Erkenntnis? – Manche fangen an zu essen, wenn sie gefrustet sind. In dem Moment des Essens treten sie nicht nur in Aktion, sondern veranlassen gleichzeitig den Magen zu arbeiten. Die Kapillargefäße um den Magen müssen sich weiten, der Blutfluss im Körper ändert sich und das ändert wiederum die Emotion. Dies ist also ein Weg, einen ungeliebten Zustand ein wenig zu verändern. Wir nennen das dann Frustessen. Andere nehmen Alkohol oder Drogen, um ein anderes Muster im Gehirn abzurufen. Erkennen Sie den

Zusammenhang mit allem, was wir in diesem Buch vorab behandelt haben? – Das Netz wird immer dichter.

Wenn nun dieser Dirigent oberhalb des Stammhirns unser Verhalten lenkt, was mache ich dann aber selbst? Sind wir es nicht selbst, die ganz bewusst entscheiden, was wir tun wollen? Nun, was wir sagen und tun, das mögen wir noch mit unserem logischen Denken (kognitiv) festlegen. Wie wir es aber tun, ist dem Dirigenten überlassen. Und der kann durch das Wie auch schon mal das Gegenteil unserer Absichten bewirken. Dann zum Beispiel, wenn Sie jemanden im richtigen Moment etwas sagen wollen. Sie sagen es auch, aber gebrauchen irgendwie die falschen Worte. Jedenfalls werden Sie vollkommen missverstanden.
Glauben Sie mir einfach mal an dieser Stelle. Wenn Ihr Gehirn Ihr eigenes Muster kontrolliert, dann weiß es auch, in welchem Muster Ihr Gegenüber steckt. Sie sagen diese Dinge nicht wirklich unabsichtlich falsch. Hier sind nur tiefere Glaubenssätze am Werk. Aber den Glaubenssätzen widmen wir uns weiter unten.

Wesentlich spannender ist die Tatsache, dass wir unter Stress keinen direkten, bewussten Einfluss auf unser Verhalten und unsere Reflexe nehmen. Jedenfalls nicht in dem Moment, in dem die Dinge passieren. Wenn ich Ihnen in diesem Buch erkläre, dass Blindschleichen harmlos sind, führt das in der Regel nicht zu einer veränderten ersten Reaktion, wenn Ihnen eine solche über den Fuß kriechen sollte. In der Regel werden Sie erst einmal zurückschrecken. Die erste Option, gerade wenn es schnell gehen muss, wird nicht im kognitiven Teil des Gehirns erarbeitet. In den meisten Fällen sind wir von den Emotionen gesteuert. Die wiederum kommen aus dem Erlebten und nicht aus dem Erlernten. Es sei denn, das Erlernte ist auch erlebt worden. Unsere Erlebnisse werden aufgearbeitet und dienen uns als emotional beladene Referenzerlebnisse. Sie können noch so viel lernen. Wenn Sie das Erlernte nicht irgendwie mit Ihren Referenzbeispielen im Gehirn in einen logischen Zusammenhang bringen können, entstehen hieraus keine neuen Muster. Ihr Verhalten ändert sich nur so lange, wie Sie sich selbst immer wieder ermahnen können. Dann aber versuchen Sie etwas zu sein, was Sie nicht sind. Nicht aus den Tiefen Ihres Selbst. Das kostet enorm viel Kraft und führt in der Regel zu einem Burnout-Syndrom. Sie können nicht gegen sich selbst arbeiten. Viel besser wäre es, wenn wir es gemeinsam schaffen würden, das, was Sie hier lesen mit Ihren Erlebnissen in Verbindung zu bringen. Meine Geschichten sollen ja gerade Ihre Erfahrungen zu diesen Themen wieder hochholen. In dem Moment, in dem Sie die beschriebenen Situationen wiedererkennen, erweitern sich Ihre Referenzerlebnisse um eine Erfahrung. Jetzt sind Ihnen mehr Möglichkeiten gegeben, in Zukunft anders zu handeln. Im Idealfall soll es so sein, dass Sie das Gefühl haben, dass dieses Buch für Sie geschrieben wurde. Oder vielleicht haben Sie sogar das Gefühl, dass Sie das alles auch schon immer irgendwie gewusst haben und dass Sie es vielleicht auch selber hätten schreiben können. Dann sind wir auf einem guten Weg.

Ein weiterer Weg, seinen Zustand zu beeinflussen, ist die Fokussierung. Der Weg zur Zustandsänderung über den Körper ist nur ein Pfad. Wir können das genauso über den Geist schaffen. Aber auch hier ist es natürlich wieder ein Wechselspiel zweier sich bedingender Faktoren. Der Auslöser ist lediglich ein anderer.

Selektive Wahrnehmung oder Fokus

„Wenn man die Aussagen von zwei Unfallzeugen über den Verlauf eines Unfalls genau vergleicht, dann fragt man sich, ob an der Weltgeschichte viel Wahres dran ist."

Ich möchte Sie auf einen Spaziergang durch die Stadt einladen. Aber ich spreche nicht von irgendeinem Spaziergang, sondern von dem letzten, den Sie durch die Stadt gemacht haben. Lehnen Sie sich zurück und versuchen Sie sich zu erinnern. Sind Sie mit dem Auto in die Stadt gefahren? – Wenn ja, wo haben Sie geparkt? Wie groß war der Abstand zum nächsten Wagen? Welche Farbe hatte dieser? Als Sie aus dem Parkhaus kamen, an wie vielen Autos sind Sie da vorbeigekommen? Wie viele Menschen trugen eine Jeanshose und sind nicht weiter als einen Meter links an Ihnen vorbei gegangen? – Ach kommen Sie, ich weiß doch auch, dass sich das keiner merken kann. Was aber haben Sie sich gemerkt? Wenn Mann und Frau gemeinsam durch die Stadt geschlendert sind, wird der Mann sich mit Sicherheit etwas Anderes gemerkt haben als die Frau. Warum aber ist das so? – Ich möchte jetzt nicht auf die unterschiedlichen Gehirnstrukturen von Männchen und Weibchen hinaus. Nein, *jeder* von uns nimmt einen anderen Ausschnitt von der Welt wahr, selbst wenn wir alle den gleichen Film sehen würden. Wir alle sind in unserer Wahrnehmung eingeschränkt. Wir sind gar nicht in der Lage, sämtliche Informationen aus unserer Umgebung bewusst zu verarbeiten. Das ist auch gut so, denn das würde die Informationsflut derart steigern, dass das Gehirn überfordert wäre.
Machen Sie einmal folgenden Test, wenn Sie mit guten Freunden unterwegs sind: Bitten Sie diese, die Umgebung nach mindestens sieben Dingen abzusuchen, die braun sind. Geben

Sie ihnen dafür aber nur sieben Sekunden Zeit, danach sollen sie die Augen schließen. Dann fragen Sie nach. Nur fragen Sie nicht nach braun, sondern nach blau oder rot. Sie werden feststellen, dass den Probanden nichts außer ein paar Dingen einfällt, die vorher schon genau betrachtet wurden. Hätten Sie diese jedoch nach braun gefragt, dann würden sie lossprudeln. Viele zählen dann auch Dinge auf, die beige oder sogar gelb sind. Auch orange wird da schon mal zu braun gemacht. Weil sie braun sehen *wollten*.

Aus dem gleichen Grund hören Sie das Ticken der Uhr an der Wand immer erst dann, wenn alles Andere, was Ihnen wichtiger erscheint, im Kopf abgearbeitet ist. Die Uhr ist Ihnen völlig egal, sie kommt zuletzt in den Fokus. Genauso verhält es sich, wenn man ein neues Auto kauft. Auf einmal sieht man den Wagen überall herumfahren. Womöglich noch in der gleichen Farbe. Ihr Partner hat gerade mit Ihnen Schluss gemacht und Sie sehen diesen Typ Mensch an jeder fünften Straßenecke. Sie haben ein neues Hobby. Auf einmal lernen Sie ständig Leute mit dem gleichen Hobby kennen. Sie haben gar nicht gewusst, dass sich so viele Menschen dafür interessieren. Ihr Fokus bestimmt, was Sie sehen und was Sie übersehen. Ihr Fokus beeinflusst Ihre Wahrnehmung.

Probieren wir einmal das Extrem. Schicken Sie zwei Fotografen auf ein und dieselbe Veranstaltung. Dem einen geben Sie vor, nach allem Schönen Ausschau zu halten, wie innigen Pärchen und freundlichen Gesten. Sein Motiv ist Harmonie. Der zweite bekommt den Auftrag, genau darauf zu achten, wo sich Menschen streiten und alles im Bild festzuhalten, was unaufgeräumt aussieht. Zeigen Sie diese Bilder dann verschiedenen Personen und lassen Sie diese ein Urteil abgeben. Die meisten werden nicht einmal merken, dass das dieselbe Veranstaltung war. Sie werden in jedem Fall glücklich sein, dass Sie auf der einen nicht dabei gewesen sind.

Daraus ergibt sich die Erkenntnis: Ändere den Fokus und Dein Umfeld lenkt Dich in eine ganz neue Richtung. Man muss nur den Fokus ändern und schon ändert sich das, was man erlebt. Wenn Sie sich also auf Erfolg (wie auch immer Sie diesen definieren) fokussieren, dann werden Sie die Dinge, die für Sie dazu passen, eher wahrnehmen, als wenn Sie das nicht tun. Derart eingestimmt, werden Sie aus Ihrer Umgebung die für Sie wichtigen Menschen schneller herausfiltern. Sie sind im Café und am Nachbartisch wird lautstark gesprochen. Sie verstehen kein Wort, aber dann sagt einer Ihr Stichwort und Sie werden sofort hellhörig.

Lassen Sie mich das etwas deutlicher erklären. Stellen Sie sich vor, Sie haben ein großes Ziel und Sie geben diesem Ziel die Farbe Blau. Sie schaffen sich zu Hause Ihre blaue Schublade. Dort kommt alles hinein, was mit Ihrem Ziel zu tun hat. Sie sagen vielleicht: „Wenn ich dieses Ziel erreicht habe, dann werde ich das und das tun und nur noch soundso mit meinen Kunden umgehen. Dann werde ich nur noch Kunden haben, die soundso mit mir reden." Also machen Sie sich Notizen darüber, wie Sie mit Kunden umgehen wollen, welche Sorte Kunden Sie am liebsten hätten und was das alles für Sie bedeutet. Diese Notizen gehören in Ihre blaue Schublade. Dort finden überhaupt alle Beschreibungen Platz, wie es im Ziel sein soll.
Wenn Sie jetzt zum Beispiel auf einen Empfang oder eine Party gehen und Ihr Fokus ist blau, dann werden Sie vieles, was gesagt wird, gar nicht mehr hören. Viele da draußen sprechen gelb, grün oder geben sich ganz rot. Aber fünf Meter weiter sagt einer Ihr Stichwort, redet blau! Okay, wenn er nicht da ist, können Sie ihn auch nicht hören oder sehen. Aber wenn er da ist, fällt es Ihnen enorm schwer, ihn nicht in Ihren Fokus zu rücken.

Und es geschieht noch etwas: Wenn Sie durch Änderung Ihres Fokus die Ihnen wichtigen Dinge, Menschen, Aktionen leichter wahrnehmen können, also schneller ins Bewusstsein rufen und verarbeiten, wie verhält es sich dann mit Ihrer Wirkung auf andere? Was für Sie gilt, gilt auch für jeden anderen. Das, was Sie denken, beeinflusst Ihre gesamte Ausstrahlung (Physiologie). Wenn Sie also Ihren Fokus nicht auf Erfolg trimmen, Sie also auch nicht Ihre Ausstrahlung auf Erfolg tunen, werden Sie leicht von Menschen übersehen, die ihrerseits auf Erfolg eingestimmt sind. Wohl gemerkt – Erfolg steht hier als Platzhalter für Ihre persönliche Interpretation dieses Wortes. Aber wir haben soeben schon einmal den ersten Beweis für eine alte Weisheit erbracht:

„Was Du aussendest, kehrt zu Dir zurück!"

Dieser Satz ist so wahr, dass er zur Mahnung an jeder Bürotür hängen sollte. Normalerweise hat man ihn nur gebraucht, wenn jemand einem übel mitgespielt hat und jetzt selbst in die Schusslinie gerät. Da macht sich solch ein Spruch immer ganz gut, allerdings wohl mehr aus vorgezogener Schadenfreude und für das eigene Ego.
Hier allerdings gilt die Aussage der Weisheit jedoch noch ausschließlich für die Ausstrahlung. Wir werden aber später sehen, dass diese Aussage genauso für unsere Taten zählt.

Wir kommen zurück zu dem Beispiel mit dem Fotografen, welches sich sehr gut als Analogie verwenden lässt: Die meisten Menschen sind sehr gut darin, ihre innere Kamera immer auf die negativen Dinge zu richten. Dabei werden diese Dinge auch oft gleich heran gezoomt, überlebensgroß gemacht, die Belichtungszeit auf ein Maximum verlängert. Wenn diese dann aber noch versuchen, anderen ihren Fokus aufzudrücken, wird es unangenehm. Sie sind die Krankmacher, die wahren Zeiträuber und Stimmungskiller. Haben Sie schon einmal gemerkt, wenn jemand den Raum betritt und auf einmal sackt Ihr Stimmungspegel ab? – Gut, das kann auch andere Gründe haben, wie zum Beispiel eine persönliche Auseinandersetzung. Schließen wir mal einen Streit aus. Ja, ich glaube jeder kennt diese Energieräuber. Sie werden aber nicht immer gleich erkannt, weil es ja eher geduldet wird, wenn jemand schlechte Laune hat, als wenn er richtig gut gelaunt ist. Es gibt genug Menschen, die gut Gelaunte in vielen Situationen schwer ertragen können. Denken wir gerade auch an unsere Morgenmuffel. Wenn dieselben Menschen dann allerdings auf eine Party gehen, machen sie wiederum die langweiligen Miesmacher sofort aus und verstehen es, diese gekonnt zu umschiffen. Das hat nun wieder etwas mit Ritualen zu tun, die fest in uns verankert sind. Dazu kommen wir später noch, aber Sie erkennen bereits immer deutlicher, dass die Themen sehr stark ineinandergreifen und eine Spielart derselben Sache darstellen.

Was machen wir also aus unserem Wissen um den Fokus? Später werden wir sehen, dass das gekonnte Spiel mit der Wahrnehmung bei der Erreichung von Zielen elementar ist. Wenn Sie jemals ein Ziel aufgegeben haben, dann lag es normalerweise am nicht perfekt ausgerichteten Fokus. Wenn ich hier „normalerweise" sage, dann tue ich das, weil es grundsätzlich unterschiedlich gelagerte Fälle gibt, bei denen man an anderen „Schrauben drehen" muss. Natürlich gibt es aber auch Situationen, die eine Abkehr von bestimmten Zielen bedingen. Nichtsdestotrotz brauchen wir die Erkenntnis mit dem Fokus, um uns unseren Zielen mit größerer Geschwindigkeit nähern zu können.

Wir wissen nun, dass wir unseren Fokus auf unsere Ziele abstimmen müssen. Es bliebe noch das Wie zu klären. Wie kann ich meinen Fokus auf meine Ziele ausrichten? Sich einfach nur vorzunehmen: „Ich denke jetzt mal öfter an Erfolg", soll ja bereits helfen. Die Macht der Suggestion. Hier sprechen wir von Suggestion durch Affirmationen. Das ist sicherlich eine gangbare Form. Wie sähe das aus? – Wir sagen uns: „Ich möchte in Zukunft alles, was mich meinem Ziel näher bringt, schneller in mein Bewusstsein rufen!". Dabei benutzt man Sätze, wie beispielsweise: „Ich werde jeden Tag eine Stunde lesen und habe Spaß dabei!" oder „Ich stehe jeden Morgen mit Freude früh auf!" Dabei müssen Sie jedoch sehr präzise werden, sonst weiß Ihr Gehirn nicht, was Sie genau wollen und vor allem, warum Sie es wollen. Wie soll es da konkret fokussieren?

Was aber ist, wenn Sie nicht genau wissen, welche Mittel Ihnen zur Verfügung stehen, welche tatsächlichen Vorteile Sie erlangen, welche Möglichkeiten sich Ihnen bieten? Was, wenn Ihre Affirmationen sich nicht mit Ihren Werten und Ihren sonstigen Gedanken decken? – Sie müssen zumindest genau wissen, wo es langgehen soll. Sie merken schon, dass man offensichtlich Ziele braucht, um seinen Fokus auszurichten. Tatsächlich ist das Formulieren von Zielen ein sehr starkes Mittel. Es wird leider viel zu wenig genutzt. Es reicht auch nicht, sich eben mal Ziele zu setzen und dann geht es los. Es gilt, so präzise wie möglich zu arbeiten. Dabei sind die Zwischenschritte ebenso wichtig wie Ihre Motive. Ohne Motive fehlt die Motivation. Ihr Fokus wird zwangsläufig abschweifen.
Die Alternative (der Versuch der reinen Affirmation), wenn es uns wirklich nur um den Fokus ginge, birgt tatsächlich auch Gefahren. Ihr Gehirn gehorcht nämlich aufs Wort, aber auch nicht mehr, und, was viel schlimmer ist, auch nicht weniger. Vergessen Sie, eine Möglichkeit auszuschließen, sind Sie automatisch offen dafür, in die Falle zu tappen, sobald sich diese auftut. Hinterher sagt man, es sei Pech gewesen, in Wirklichkeit war man nur nicht gut genug vorbereitet.
Affirmationen haben ein großes Potential, wenn man seine Ziele genau kennt. Wir werden also nicht daran vorbei kommen, uns über Ziele zu unterhalten.
Sie mögen jetzt protestieren und sagen, dass Sie das alles schon kennen, bestens Bescheid wüssten und Ihre Ziele seit Jahren feststünden. Auch in diesem Fall versichere ich Ihnen,

dass nur eine permanente Auseinandersetzung mit diesem Thema zum ganz großen Erfolg führt. Es genügt nicht, zweimal im Jahr über seine Ziele zu schauen. Vielleicht werden Sie hier sogar noch etwas entdecken, was Sie bei Ihren Zielen bisher unberücksichtigt gelassen haben. Was die meisten zum Beispiel nicht tun, ist, ihr gesamtes Handeln, ihre Werte, den Glauben, sozusagen ihr Koordinatensystem, auf die Ziele abzustimmen. Tatsächlich bringt es Vorteile, damit anzufangen. Es ist wichtig sich genau zu kennen, bevor man zu den Zielen kommt. Wir werden uns somit auch noch ein bisschen Zeit lassen, bevor wir dort angelangen.

Zurück also zum Fokus und der Frage, wie wir uns jenseits der Ausrichtung unserer Ziele zusätzlich fokussieren können. Deshalb widmen wir uns im folgenden Kapitel einer sehr einfachen, genialen Möglichkeit, den Fokus nach unseren Wünschen zu lenken. Diese Möglichkeit nutzen Sie tatsächlich ständig und das auch ganz bewusst. Deswegen erscheint sie auch sehr logisch. Nur sind sich die meisten Menschen über die Tragweite dieses Instruments nicht bewusst und gebrauchen es deshalb bei falscher Anwendung manchmal sogar gegen sich, ohne die negativen Folgen damit verknüpfen zu können.

Die Macht der Fragen

Sie waren bestimmt schon einmal in der Situation, dass Sie etwas sagen wollten, das Ihnen auf der Zunge lag, Ihnen aber einfach nicht einfiel. Zum Beispiel unterhalten Sie sich gerade in einer Gruppe über Filme. Sie möchten auch von einem Film erzählen, aber haben vergessen, wie er heißt. Ihnen fällt partout nicht der Name des Hauptdarstellers oder der Hauptdarstellerin ein. Sie stehen da und fragen sich ständig, wie Protagonist und Film denn nun heißen. Tage später oder am gleichen Abend im Bett – Sie denken mitnichten an den Film, da schießt Ihnen alles in den Kopf. Film und Darsteller sind plötzlich wieder präsent.

Wie kann das passieren? – Unser Gehirn hört niemals auf zu arbeiten. Man weiß heute, dass das Gehirn Bilder, Stimmungen und jede Form von Information vollkommen autark von Außeneinflüssen abruft, aufbaut bzw. erstellt. Die Denkstruktur ist so komplex, dass wir im Gehirn nicht nach Informationen suchen, indem wir sämtliche Bereiche ablaufen. Nur eine Kombination von bestimmten Zellen aus den verschiedensten Bereichen kann in einer bestimmten Form Information abrufen. Werden die Zellen in einer gänzlich anderen Kombination verwendet oder ist ihr Zugang derzeit anders belegt, kann die gesuchte Information nicht neu konstruiert werden. Aber wir haben mit unserer Frage einen Reiz gesetzt, der das Gehirn nicht mehr loslässt. Dieser Reiz kombiniert sich mit allem, was in Zukunft im Gehirn abläuft. Ihr Gehirn hat eine Frage bekommen, die noch nicht beantwortet wurde, und somit als Reiz erhalten bleibt, bis sie logisch im Sinne der Gehirnstruktur abgelegt werden kann. Das funktioniert nur in Zusammenhang mit der Antwort.

Wenn Sie Ihrem Gehirn also eine konkrete Frage stellen, dann macht es sich auf die Suche; und zwar so lange, bis es eine Antwort gefunden hat. Ist also der Zugang zur Information noch nicht „verbaut", fällt es einem meist leicht, sich im Ruhezustand zu erinnern. Abends im Bett (kurz bevor Sie das Ticken der Uhr an der Wand wieder hören) kommt der Film zurück ins Bewusstsein. Findet das Gehirn keine direkte Verbindung zur Information, fängt es an, im Außen nach Dingen zu suchen, die es mit der gesuchten Antwort in Verbindung setzen könnte. Sie gehen beispielsweise im Büro an einem Regal vorbei und sehen dort etwas stehen, was Sie bisher immer übersehen haben – es war Ihnen scheinbar nie wichtig gewesen. Zumindest existierte es bisher nicht in Ihrem Fokus. Vielleicht fragen Sie noch: „Stand das da schon immer?", oder Sie nehmen den Gegenstand nur am Rande wahr. Aber eines passiert noch. Der Gegenstand führt zu einer veränderten Wahrnehmung und auf einmal erinnern Sie sich an den Film, weil dieser Gegenstand offensichtlich die Eselsbrücke zu den Informationen über den Film ist. Das funktioniert auf allen Ebenen, also auch, wenn jemand nur etwas ganz Bestimmtes sagt, oder Sie in einen Raum eintreten.

Wir können uns dieses Phänomen auch als Trojanisches Pferd vorstellen. Sie erhalten durch einen Gegenstand einen bestimmten Gedanken und bestimmte Neuronen feuern in Ihrem Kopf in einer ausgewählten Kombination. Der gleiche Gedanke bedingt die gleiche Kombination an feuernden Neuronen – das hatten Sie aber auch während des Films. Da Sie aber bereits während des Films auf dieses Feuern die nächsten Gedanken festgelegt hatten, wird Ihr Gehirn jetzt die gleiche Abfolge einfach nur wiederholen. Ein einmal eingegangener Weg wird sich immer wieder in den Windungen des Gehirns durch- und einschleifen.

Wie sehr Fragen unsere Aufmerksamkeit in eine bestimmte Richtung lenken können, beweisen auch Suggestiv-Fragen. Das sind Fragen, die bereits durch die Art der Fragestellung die Gedanken des Befragten und somit die Antwort in eine bestimmte Richtung lenken.

Man könnte zum Beispiel eine Umfrage starten, die die augenblickliche politische Situation hinterfragen soll. Zwei Fragen möchte ich zur Auswahl stellen, die ich nicht an ein aktuelles Geschehen knüpfen will. Allerdings scheinen sie immer wieder einen aktuellen Bezug zu finden. Daher sollten Sie auch auf der emotionalen Ebene zwei Richtungen erspüren:

1. Finden Sie es richtig, dass der Bundeskanzler gegen den Willen der breiten Massen versucht, seine politischen Ziele durchzudrücken?
2. Sollte der Bundeskanzler, auch auf die Gefahr des Sympathieverlustes hin, seinen Zielen treu bleiben und notwendige Veränderungen in Angriff nehmen?

Nun, das war jetzt sehr deutlich. Die Art der Fragestellung lenkt unsere Gedanken. Das ist nichts wirklich Neues. Tatsächlich starten einige Parteien mit solchen Scheinumfragen ganze Kampagnen und wir merken es nicht einmal. Ab und an nutzen auch Kinder gerne eine geschickte Wortwahl, um ihre Eltern zu beeinflussen.

Wie nutze ich aber nun dieses Wissen konkret im Zusammenhang mit dem Fokus? – Wir müssen nur geschickte Fragen stellen und werden so automatisch unseren Fokus in eine neue Richtung lenken.

Ich glaube, das sollte ich an dieser Stelle veranschaulichen: Gehören Sie zufällig zu den Menschen, die schon unzählige Versuche hinter sich haben, abzunehmen? – Wie sieht es hier aus, wenn man das über seine Willenskraft versucht? – Man nimmt sich fest vor, die Diät durchzuziehen und es klappt anfänglich auch sehr gut. Aber in Wirklichkeit macht es keinen

Spaß. Man würde ja schon viel lieber richtig zuschlagen, aber man darf ja nicht.

Erkennen Sie hier wieder das Spiel mit Schmerz und Freude? Es wird zu einem Tauschgeschäft. Wenn man isst, tauscht man kurzfristige Freude (man kann jetzt genießen) gegen langfristigen Schmerz (man wird immer dicker). Wenn man aber nicht isst, tauscht man kurzfristigen Schmerz (man muss jetzt verzichten) für langfristige Freude (man bleibt schlank oder nimmt ab). So wird es dauerhaft nicht funktionieren, weil das Gehirn ein Gefühlsjunkie für Glücksgefühle ist und es wird sich einiges einfallen lassen, damit man sofort wieder seine Glücksgefühle bekommt. Das momentane Glück ist uns nun einmal näher als der ferne Schmerz. Wir kippen (gedanklich) um und fangen wieder an, verstärkt zu essen. Wir müssen also versuchen, den Fokus so zu verändern, dass wir mehr auf die positiven Aspekte des Abnehmens blicken. Unsere Kamera muss einen anderen Blickwinkel bekommen, so dass uns gute Bilder (Gefühle) zugespielt werden und wir Spaß an dem Prozess haben. Wir richten die Linse auf die guten Gefühle, zoomen diese heran und belichten extra lange. Nur so wird unser Gehirn nicht rebellieren, sondern genießen. Zudem lernt es dabei eine neue Strategie, um Glückshormone ausschütten zu können.

Wie gehen wir also vor? – Wir müssen eine geschickte Frage finden, die uns hilft, unser Gehirn auf die richtige Fährte zu schicken und selbst mit einer Lösung zu kommen, die es in sich trägt. Diese Frage muss tatsächlich durchdacht sein. Denn ist sie falsch gestellt, führt sie auch zu falschen Ergebnissen. Wenn sich jemand zum Beispiel ständig fragt: „Warum muss gerade ich so dick sein?", dann wird das Gehirn nach einer folge-richtigen Antwort auf eben genau diese Frage suchen. In einem Moment, in dem die betreffende Person gerade besonders viel isst, wird sie sich der Situation besonders bewusst und gibt sich somit die Antwort: „Weil ich so verfressen bin!" Das stärkt nicht gerade das Selbstbewusstsein und führt eher zu einer Resignation. Dabei ist das nicht einmal der Grund für die zusätzlichen Pfunde. Das zeigt ebenfalls nur auf eine Reaktion. Das Gehirn selbst hat nur eine mögliche, schwache Antwort entdeckt.

Lassen wir unser Gehirn doch lieber konstruktiv für uns arbeiten und nach echten Antworten suchen. Wir müssen auch nicht unbedingt wissen, wie wir hierher gekommen sind, wir wollen doch nur wissen, wie wir von hier wieder wegkommen. Da können Sie ebenso gut gleich zum Psychologen gehen und erst einmal Ihre gesamte Kindheit aufarbeiten.

Es geht aber auch einfacher. Fragen nach einer Lösung liefern Antworten, die uns direkt dorthin bringen, wonach wir fragen. Die geschicktere Frage könnte beispielsweise lauten: Wie kann ich abnehmen? Ihr Gehirn wird eine Unzahl an Möglichkeiten kennen. Es kennt aber auch weniger gesunde Möglichkeiten. So könnte es sich an eine Zeit erinnern, als Sie durch eine bestimmte Krankheit abgenommen haben. Liegt diese gerade latent vor, wird ihr Gehirn diese Krankheit nicht abwehren helfen, sondern verstärken. Zumindest bekommt diese Krankheit eine neue Bedeutung. Unsere Frage hat uns somit zwar eine Lösung geliefert, nur nicht gerade die gesündeste. Wir müssen also unsere Frage einschränken: „Wie kann ich auf gesunde Art abnehmen?" – Jetzt finden wir die Möglichkeiten, die gesund und sinnvoll sind, ganz automatisch. Darüber hinaus passiert noch etwas, oder besser, es passiert etwas nicht: Wir erkennen zwar leichter die Möglichkeiten, jedoch haben wir immer noch nicht unbedingt Spaß dabei. Denken Sie an die Aufteilung der möglichen Lösungswege in Schmerz und Freude. Unser Gehirn würde auch hier irgendwann seine Glücksgefühle einfordern. Selbst, wenn wir gut begonnen haben, könnten wir schnell die Lust verlieren und wieder in alte Gewohnheiten verfallen. Verbindet das Gehirn keine Freude mit unserem Handeln, wird es auch keine Glückshormone ausschütten. Die sind aber eng gekoppelt mit überlebenswichtigen, den Körper stärkenden Hormonen. Das Gehirn muss also eine

Vermeidungsstrategie entwickeln, damit wir von diesem Verhalten wieder ablassen. Zum Beispiel lenkt es unseren Fokus auf Menschen beim Schlemmen, macht das Bild groß und weckt in uns Erinnerungen oder Emotionen, wie gut doch das ein oder andere Buffet geschmeckt hat. Mit dieser veränderten Emotion bin ich schon wieder voll und ganz in meinem alten Muster. In diesem alten Muster habe ich aber gelernt zu essen. Und was daraus resultierte, dass wissen Sie ja selber.

Wir müssen also unsere Frage noch einmal verbessern: „Wie nehme ich auf gesunde Art ab und habe Spaß dabei?" – Stellen Sie sich diese Frage jeden Morgen vor dem Aufstehen mehrfach und es tritt noch ein kleiner Nebeneffekt auf. Denken wir an das Ankern. Irgendwann wachen Sie auf und Sie stellen sich automatisch die Frage, ohne darüber nachzudenken.

Es gibt aber noch einen Effekt, den ich an einem Beispiel erklären möchte: Sie gehen gerade durch den Supermarkt, sehen irgendein spezielles Essen, dass Sie noch aus Ihrer Kindheit kennen und sind vollkommen verzückt, dass es das wieder gibt. (Anmerkung: Natürlich hat es das immer gegeben, Sie haben es nur lange genug übersehen: Schon als Kind haben Sie das so gern gemocht, jedoch vermischen sich die Erinnerungen oder sie gehen ganz verschollen.) Sie kaufen also gleich mehrere Packungen und freuen sich schon auf das Essen. Ganz nebenbei aber hat diese Mahlzeit kaum Kalorien oder sie macht gerade Sie so derart satt (hat das Gehirn tief drin nicht vergessen). Oder Sie mögen es nur ganz pur, jedenfalls in einer Kombination, die Ihnen hilft, ganz langsam und beinahe unbemerkt aber in jedem Fall unbeschwert abzunehmen. Dies sind nur einige Beispiele, die sich so ereignen könnten und die Ihnen in der Summe helfen, Ihrem Ziel näher zu kommen.
Aber glauben Sie nicht, das müsse unterbewusst ablaufen. Mitunter versetzt Sie die richtige Fragestellung ganz bewusst in Situationen, in denen Sie nur noch zugreifen müssen. Warten

Sie dann nicht auf eine höhere Macht, die für Sie agiert. Sie müssen dabei immer noch aktiv werden. Ich sagte es bereits. Erfolgreich sein heißt, ein aktives Leben zu führen!

Natürlich kommt es im Umgang mit Anderen ebenfalls auf eine geschickte Fragestellung an. Wenn Sie sich zum Beispiel mit durchdachten Fragen an Ihre Kollegen wenden, erhalten Sie die besseren Antworten. Es lohnt sich also auch im Umgang mit seinen Mitmenschen, genau zu überlegen, welches Ziel man mit einer Frage verfolgt, bevor man diese stellt. Mir geht es an dieser Stelle allerdings ausschließlich um die Wirkung in uns selbst.

Wir erkennen aber jetzt sehr deutlich: Wer eine gute Antwort will, muss eine noch bessere Frage stellen.

In Bezug auf den eigenen Erfolg könnten solche Fragen lauten:

- Wie werde ich auf ehrliche Art reich und genieße den Prozess?
- Wie erobere ich den Partner meiner Träume und werde glücklich?
- Wie bekomme ich einen gesunden, durchtrainierten Körper und genieße den Sport?

Dies sind nur ein paar Beispiele. Ich wette, Ihnen fallen jetzt ein paar ganz andere Sätze ein, die Sie gerne selbst ausprobieren wollen. Das sollten Sie an dieser Stelle auch tun. Testen Sie es aus!

Schreiben Sie sich Ihre ganz persönlichen Fragen auf. Versuchen Sie es am Anfang mit drei bis sechs Fragen. Schreiben Sie diese auf einen Zettel und legen Sie diesen neben Ihr Bett. Wenn Sie morgens aufwachen, greifen Sie als Erstes nach dem Zettel und lesen sich die Fragen mehrere Male vor. Vor dem Schlafengehen ist dieses Ritual mindestens genauso wichtig, da sich das Gehirn sowieso besonders intensiv mit den letzten starken Emotionen des Tages auseinandersetzt.

Aber bitte vergessen Sie eines nicht: Die Emotionen! Es nützt natürlich wenig, wenn Sie beim Lesen des Zettels nebenbei irgendetwas Anderes machen, oder den Zettel ganz schnell überfliegen, ohne jegliche Emotion zu verspüren. Ihr Gehirn setzt sich lieber mit Dingen auseinander, die emotionsbeladen sind. Das ist auch wieder das Gleiche wie beim Ankern. Sie erinnern sich? Eine gute Methode, um ein paar Emotionen ins Spiel zu bringen, ist, den Fokus auf die Gründe für diese Fragen zu legen. Warum haben Sie sich gerade diese Fragen ausgesucht? Welche Freude wollen Sie mit dem Ergebnis erlangen und welchen Schmerz wollen Sie vermeiden? Aber nehmen Sie sich bei Ihren ersten Versuchen auch wirklich Zeit für die Gründe. Wenn Sie auf die Frage nach Erfolg einfach nur sagen, dass Sie Millionär werden wollen, dann hilft Ihnen das nicht weiter. Kommen Sie! – Fast jeder würde die Million annehmen. Warum sind dann nicht alle Millionäre? Die Million wird Sie nicht motivieren. Es sind die Gründe, die Sie haben, warum Sie die Million unbedingt benötigen. Je stärker die Gründe sind, weshalb Sie etwas erreichen *müssen*, desto stärker Ihre Motivation und somit Ihre Emotionen.

Vielleicht erinnern Sie sich jetzt an eine Situation, in der Ihnen ein Missgeschick passiert ist und Sie voller Wut gefragt haben: „Warum passiert das immer mir?" – Hier haben wir das Wesentliche beisammen: Die Emotion und die Frage. Ich denke, ich brauche gar nicht mehr zu kommentieren, wo Sie diese Frage letztendlich hinführt. Erstens passiert Ihnen das nicht immer und zweitens wollen Sie auch nicht wissen, warum es so sein könnte. Stellen Sie einfach nie wieder so eine Frage! Wir müssen uns also tatsächlich zu jeder Zeit bemühen, die richtigen Fragen zu stellen!

Die größte Mühe nützt aber nichts, wenn das Ergebnis gegen Ihre eigenen Werte verstößt. Sie können auf keinen Fall gegen Ihren Glauben handeln. Mal abgesehen davon, dass es moralisch verwerflich sein könnte, gegen die eigene Überzeugung zu handeln, können Sie das auf Dauer tatsächlich nicht.

Weil Ihr Gehirn immer alle Areale bei seiner Arbeit einbezieht, können Sie nicht bestimmte Gedanken für eine Zeit wegschließen. Sie werden mit ins Kalkül gezogen, weil sie ebenfalls über das Gehirn verteilt sind und von der allgemeinen Aktivität nicht ausgeschlossen werden können.

Ihren Fokus in die richtige Richtung zu lenken, die Richtung, nach der Ihr Herz strebt, ist sicherlich gut. Doch kann das sehr wohl gegen unsere inneren Werte verstoßen. Tatsächlich ist es so, dass wir viele Überzeugungen und Glaubenssätze in uns haben, die weder uns, noch irgendeinem anderen Menschen etwas nützen. Sie sind Teil unseres kulturellen Erbes. Wir haben Sie vielleicht als Kinder aufgeschnappt. Sie waren jedoch die Werte eines anderen, dem sie vielleicht wirklich etwas genutzt haben. Das hat aber nichts mit uns zu tun. Und trotzdem sind sie da. Viele davon laufen von uns selbst unbemerkt ab. Sie beeinflussen die Art, wie wir die Dinge ausdrücken, welche Worte wir wählen. Wir haben Sie nie hinterfragt und sie uns auch nie bewusst gemacht, obwohl sie unser Handeln lenken. Was wir sagen oder tun, machen wir bewusst – wie wir handeln und sprechen wird durch unsere Emotionen beeinflusst und die wiederum sind geprägt von den Glaubenssätzen und Werten.

Ich möchte versuchen, jetzt mit den Werten auf unserer bisherigen Story aufzubauen. Deshalb stelle ich sie im folgenden Kapitel in einen größeren Zusammenhang.

Glaubenssätze, Werte, Regeln

Die Möglichkeit der Zustandslenkung und Fokussierung über die Glaubenssätze greift tiefer, ist etwas komplexer und bedarf einer genaueren Untersuchung. Unsere Glaubenssätze, unsere Werte und Regeln entscheiden letztendlich darüber, ob wir mit einer Sache Schmerz oder Freude verbinden. Sie sind die Stellschrauben für die Emotionen und den Fokus. Die Änderung von nur einem Glaubenssatz kann das Leben tiefgreifend verändern. Ein veränderter Glaubenssatz variiert nicht nur den Fokus. Es wird hier vielmehr zusammen mit Werten und Regeln bestimmt, wie wir mit unserer Umgebung umgehen, wie wir die Dinge angehen und wie wir darüber denken. Hier bestimmen wir, ob wir handeln oder uns zurückhalten, ob und wann wir glücklich sind.

Glaubenssätze

Glaubenssätze sind vielfältiger Natur. Sie können sehr allgemein oder sehr speziell sein. Sie sind eine Widerspiegelung dessen, was wir gelernt haben, was man uns gelehrt hat. Sie bestimmen Ihr Handeln.

Beispiele für Allgemeine Glaubenssätze:

➢ Männer und Frauen sind zu verschieden,
➢ Kinder sind laut und machen Schmutz,
➢ Geld allein macht nicht glücklich,
➢ der Mensch ist nie zufrieden,
➢ in Afrika ist es warm,
➢ Behörden sind langsam,
➢ die meisten Menschen wollen dich nur über den Tisch ziehen

Die Glaubenssätze in der Liste sind klare Verallgemeinerungen. Warum verallgemeinern Menschen? – Nun, das kann sehr hilfreich sein: Wenn wir jedes Erlebnis einzeln im Gehirn abspeichern würden und nur für sich als wahr anerkennen könnten, hätten wir zwar keine Verallgemeinerung, wir müssten aber genau wie ein Computer jedes neue Ereignis neu lernen. Jede kleinste Abweichung von dem bisher Gelernten würde uns vor unlösbare Probleme stellen.

Ein Beispiel wird das deutlich machen: Sie stehen vor einem Haus, das Sie noch nie zuvor gesehen haben. Es ist größer, hat ein paar Winkel oder ein paar Fenster mehr. Woher wissen Sie, dass auch dies ein Haus ist? Wenn Ihr Gehirn nicht im Vorfeld eine Kategorie dafür geschaffen hätte, müssten Sie noch einmal von vorne lernen, was es hiermit auf sich hat.

Sie erinnern sich in diesem Zusammenhang sicherlich noch an unser Beispiel im Kapitel Physiologie, wo wir die Vorurteile (Verallgemeinerungen) erstmals behandelt haben. Jetzt verstehen wir auch besser, warum unser Gehirn nicht in einzelnen Arealen verarbeitet und abspeichert. Nur das komplexe System ist in der Lage, Beziehungen herzustellen. Dabei baut das Gehirn jede Menge Vorurteile auf (das ist an dieser Stelle auch in keiner Weise negativ gemeint), die es nur verwirft, wenn es eines Besseren belehrt wird.

Jedoch bilden diese Glaubenssätze nicht nur unser Verständnis von der Welt, wir handeln auch danach. Das ist uns nicht immer bewusst, denn wir fragen bei unseren täglichen Reaktionen auf die Dinge, die so passieren nicht nach, welcher Glaubenssatz uns jetzt zu diesem Schritt bewegt hat.

Stellen Sie sich vor, Ihre Eltern haben Ihnen in jungen Jahren beigebracht, man dürfe keinem Taxifahrer trauen. Sicherlich haben sie ihre schlechte Erfahrung gemacht und wollten Ihnen nur einen guten Ratschlag geben. Doch Sie sind seither noch nie Taxi gefahren und haben es auch nicht vor. Dementsprechend haben Sie auch nie darüber nachgedacht, ob es da noch irgendwo in Ihrem Kopf einen Glaubenssatz über Taxifahrer gibt und ob es einen Sinn ergibt. Nun sind Sie auf einer großen Versammlung und der Saal ist voller Taxifahrer. Nachdem Sie den Saal verlassen haben, merken Sie nach kurzer Zeit, dass Sie Ihr Handy liegen lassen haben.

Schnell eilen Sie zurück, aber das Handy liegt nicht dort, wo Sie es vermutet haben. Welcher Gedanke schießt Ihnen jetzt zuerst in den Kopf? Sie werden wohl kaum Zeit damit verschwenden, zu überlegen, wo das Handy noch liegen könnte, ob Ihr Tischnachbar es vielleicht entdeckt hat und Sie nun sucht. Ihr erster Gedanke wird sein: „Welcher Taxifahrer hat es sich genommen?" *

Das schränkt Ihr Suchverhalten bereits sehr ein und es wird schwieriger, sich für alle Möglichkeiten offenzuhalten. Die Wahrscheinlichkeit, das Handy wieder zu bekommen, sinkt mit der Vielzahl der Möglichkeiten, die Sie außer Acht lassen, mal abgesehen davon, dass das darauf folgende Verhalten zu peinlichen Aktionen führen kann. Leider bergen Vorurteile auch jede Menge negatives Potential, wie wir hier sehen können. Deshalb ist das Wort sehr stark mit Diskriminierung behaftet. Jedoch haben wir auch gesehen, dass wir diesen Prozess der Verallgemeinerungen benötigen, um uns im Leben zurecht-zufinden. Es gibt aber auch spezielle Vorurteile, die wir über einzelne Dinge, Situationen, Menschen wie auch über uns selbst fällen. Diese erkennen wir ganz einfach an Statements wie: „Ich

---

* Man kann nicht oft genug sagen, dass dies nur ein Beispiel ist. Manch einer wendet vielleicht ein, dass man ja auch schon wieder gute Erfahrung gemacht haben wird. In diesem Beispiel, wie auch in allen anderen Beispielen gehen wir aber von nur einem Fall aus und diskutieren nicht alle anderen Möglichkeiten mit durch. In meinen Vorträgen kommen immer mal wieder Wortmeldungen, bei denen mir gesagt wird, es hätte ja auch ganz anders sein können. Ja, jedes Beispiel hätte auch ganz anders sein können – ein anderes Beispiel, was dann auch hätte wieder anders sein können...

bin, Du bist, das ist, Du hast, ich kann, er braucht" und so weiter: „Ich bin kein guter Zuhörer...", „Du magst keine Bücher lesen...", „Er ist ein typischer Raser..." Dabei legen die Glaubenssätze auch fest, wie wir handeln. Wenn es Ihr fester Glaube ist, dass Sie kein guter Redner sind, werden Sie sich um Vorträge, Referate oder ähnliches bei Ihrer Arbeit drücken, solange es geht. Sollten Sie nun um einen neuen, höheren Posten bemüht sein, dieser aber bedingt, dass Sie dafür auch einige Referate halten müssen, werden Sie sich unbewusst in Ihrem Bemühen bremsen.

Ganz besonders interessant ist die Tatsache, wenn wir gerne reich (an Geld) wären und dieses einfach nicht hinbekommen. In diesem Fall haben wir es nämlich mit klaren Parametern zu tun. Gehen wir einmal davon aus, dass Sie ein Ziel haben. Sie sind strukturiert und arbeiten nach Plan. Trotzdem kommen Sie dem Ziel nicht wirklich näher. Die Wahrscheinlichkeit ist dann sehr groß, dass Sie irgendwo in Ihrem Kopf negative Gedanken über Geld hegen, oder aber über den Weg, mit dem Sie dieses Vorhaben erreichen wollen.

Geld ist nichts Schlechtes, obwohl immer wieder von verschiedenen Seiten durch diverse Aussagen behauptet wird: „Geld verdirbt den Charakter", „Geld allein macht nicht glücklich", „es ist sehr einsam da oben" oder „lieber arm und glücklich, als reich und unglücklich".

Jetzt mal ehrlich, wenn doch Geld nicht darüber entscheiden kann, ob ich glücklich bin oder nicht, warum wird dann vorausgesetzt, dass man mit Geld unglücklich sein könnte. Besser wäre doch der Satz: „Lieber reich und glücklich, als arm und unglücklich".
Wenn Sie diese negativen Sätze und vielleicht noch ein paar andere zum Thema Geld kennen, dann sollten Sie diese gleich eliminieren. Es sind alles nur Ausreden, um nicht aufstehen zu

müssen und etwas zu schaffen. Geld ist nicht positiv oder negativ, es ist, was es ist – einfach Geld. Es kommt allerdings ganz darauf an, was wir daraus machen. Man kann sehr viel Gutes mit Geld tun. Man kann auch viel Spaß damit haben. Es kann Leben retten. Geld kann Bildung schaffen und vieles mehr. Es liegt im Auge des Betrachters.

Neueste Studien gehen davon aus, dass Geld sehr wohl langfristig glücklich machen kann. Bisher wurde oft behauptet, dass Geld eben nicht langfristig wirke. Allerdings geht man in diesen Studien von begrenzten Summen aus. So ist es tatsächlich ein Unterschied, ob man in finanziellen Schwierigkeiten steckt oder man sich hierum keine Sorgen machen muss. Dementsprechend wirkt Geld beruhigend und gibt uns die Freiheit, uns auf andere Dinge konzentrieren zu können. Wir agieren dann aus der Position der Stärke. Damit senden wir auch wiederum ganz andere Signale aus. Ab einen gewissen Punkt kann Geld aber sehr wohl wieder ängstlich machen. Der Umgang mit viel Geld nimmt bei manchen Menschen bizarre Züge an.

Finden Sie zu jedem negativen Glaubenssatz, den Sie zum Thema Geld haben eine Änderung, die diesen ins Positive kehrt. So könnte man zum Beispiel sagen:
- Geld verdirbt den Charakter => Gib einem Menschen Macht und er zeigt, welcher Charakter wirklich in ihm steckt. Geld ist Macht. Geld bringt somit den wahren Charakter zum Vorschein. Ich habe einen guten Charakter und das darf ruhig jeder wissen.
- Geld allein macht nicht glücklich => Stimmt, es muss mir auch gehören!
- Es ist sehr einsam an der Spitze => Es stimmt, dass es unten ziemlich überfüllt und oben mehr Platz ist. Es gibt aber noch genug interessante Menschen, die gerne das Vergnügen teilen.

Warum es so wichtig ist, solche negativen Behauptungen aufzuheben, zeigt ein typisches Beispiel: Menschen, die vielleicht nicht einmal bewusst eine negative Einstellung zum Geld haben, werden den möglichen Gewinn, der auf einmal auf sie zukommen könnte, zu vernichten wissen. Wenn man also zu ersten kleinen Summen Geld kommt, wird das Gehirn sofort die negativen Emotionen abbilden und versuchen, dagegen anzugehen. Es wehrt sich, lässt sich allerlei einfallen, soweit es in seiner Macht liegt, damit wieder durchweg positive Gefühle herrschen. Es erinnert an alte Wünsche, die man vielleicht schon längst vergessen hat oder nicht mehr braucht. Jetzt allerdings kochen sie wieder hoch und sofort ist es beispielsweise wieder wichtig, die Bohrmaschine doch noch zu kaufen, den unbegrenzten Wünschen also nachzugeben. Man erinnert sich an das eine Loch, das man noch unbedingt bohren muss. Danach verschwindet die Maschine für das nächste halbe Jahr im Schrank. Man hätte sie sich ja auch leihen können. Oder das Kleid wird nun doch noch gekauft, in den Schrank gehängt und da bleibt es auch, denn irgendwie kann man es doch zu keiner Gelegenheit anziehen. Das alles sind nicht immer gleich Zeichen eines Kaufzwangs. Viel mehr weisen sie darauf hin, dass wir unsere Gedanken nicht auf unsere Ziele ausgerichtet haben.

Wenn Sie also Ziele haben, die Sie einfach nicht erreichen oder nicht einmal angehen, dann liegt es daran, dass Sie sich selbst im Kopf behindern, weil Sie irgendetwas für dieses Ziel tun müssen, was Sie mit negativen Gefühlen belegt haben. Sie glauben, dies oder jenes zu tun, bedeute Zurückweisung, Verlust, dass man Angst haben müsste, ausgelacht zu werden, oder Ähnliches. Kurz: **Schmerz!**

Vervollständigen Sie an dieser Stelle einmal möglichst spontan die folgenden Sätze auf der nächsten Seite, wobei Sie ganz kurz innehalten oder gar mehrere Sätze bilden können. Wichtig ist nur, dass Sie nicht überlegen, sondern das nehmen, was Ihnen spontan in den Kopf kommt:

Das Leben ist...
Liebe ist...
Die Menschen sind...
Freunde sind...
Der Tod ist...
Hoffnung bedeutet...
Glück ist...
Träume sind...
Visionen sind...
Stärke ist...
Mut ist...
Gewinnen bedeutet...
Verlust ist...
Versagen bedeutet...
Arbeiten heißt...
Feinde sind...
Geld bedeutet...
Macht bedeutet...

Diese Vervollständigung von Glaubenssätzen gibt Ihnen ein wenig Aufschluss über Ihre Einstellung zu den Dingen. Wenn Sie diesen Selbsttest durchgeführt haben, ohne den Stift abzusetzen und ohne dabei lange zu überlegen, kann es passieren, dass Sie beim anschließenden Durchlesen einiges Überraschendes entdecken. Bedenken Sie aber, dass es keine objektive Meinung gibt, es gibt kein allgemeingültiges Richtig oder Falsch. Wenn Ihnen Ihre Glaubenssätze nützen, ohne anderen zu schaden, dann sind sie gut. Sie werden diese Liste später noch gebrauchen können und vielleicht sogar erweitern. Sollten Sie die Liste auf einen Zettel geschrieben haben, dann legen Sie diesen in das Buch, damit Sie ihn später wiederfinden.

Sie sehen also, dass Ihre Glaubenssätze nicht nur darüber entscheiden, in welche Richtung Sie blicken und welche

Richtung Ihre Gedanken annehmen. Sondern sie entscheiden auch darüber, was für Sie Schmerz und was Freude bedeutet.

Regeln und Rituale

Regeln sind den Glaubenssätzen sehr ähnlich. Manchmal kann man sie auch verwechseln. Aber wir können sagen, dass unsere Regeln hinter den Glaubenssätzen stehen und diese formen. Glaubenssätze sind das Ergebnis aus unseren Regeln, Referenzerlebnissen und Werten. Hier gehen wir also in die einzelnen Aspekte der Glaubenssätze hinein.

Regeln erkennen Sie in den meisten Fällen an den typischen „Wenn-dann-Sätzen": „Wenn man das tut, dann passiert das...!" oder „Wenn Du laut schreist, dann verlasse ich den Raum!" – Wir haben im Laufe unseres Lebens sehr viele Regeln aufgestellt, damit wir bestimmte Situationen besser in den Griff bekommen. Wie bei einem Fußballspiel brauchen wir Regeln, damit das Miteinander funktioniert. Leider haben die Menschen nicht immer die gleichen Regeln. Wie bei den Glaubenssätzen gibt es auch hier kein Richtig oder Falsch. Wenn die Regeln mir dabei helfen, um meinen Zielen näher zu kommen, ohne jemand Anderem zu schaden, dann sind sie gut. Ein anderer hat genau entgegengesetzte Regeln, aber auch diese können passen. Sie sehen also: man kann niemanden dafür verurteilen, weil er andere Regeln für sein Leben aufgestellt hat als wir. Hier ist es immer erst einmal gut, wenn man in Toleranz geübt ist. Schwierig wird es nur dann, wenn wir mit jemandem auskommen wollen, der gegensätzliche Regeln hat.

Kürzlich las ich etwas über eine alte interkulturelle Studie aus der Nachkriegszeit in England. Das Interesse in dieser Studie galt den amerikanischen Soldaten und den englischen Frauen.

Es wurde untersucht, wie es zu Beziehungen zwischen diesen Menschen kam und wie das Verhalten dieser unterschiedlichen Kulturen war, die die gleiche Sprache hatten. Zunächst dachte man, dass es hier überhaupt keine Schwierigkeiten geben könnte, da beide Gruppen westliche Kulturen sind. In Interviews erzählten die GIs über die englischen Frauen und umgekehrt. Interessant waren solche Aussagen, die sich widersprachen. Zum Beispiel sagten die englischen Frauen, die amerikanischen Soldaten seinen ziemlich dreist und draufgängerisch. Das ist noch nicht weiter verwunderlich, denn genau so etwas würde man von Soldaten in einem fremden Land auch vermuten. Nur behaupteten auch die amerikanischen Soldaten eben dies über die englischen Frauen. Eine nähere Betrachtung gibt hier Aufschluss: Die Phasen vom ersten Kennenlernen bis zur möglichen Hochzeit wurden für beide Kulturen in dreißig Stufen unterteilt. Sowohl die Amerikaner als auch die Engländerinnen durchliefen also dreißig Stufen der Annäherung. Mit jeder Stufe wurde es in der Beziehung intimer. Jedoch maßen die Amerikaner dem Küssen eine andere Wertigkeit bei als die englischen Frauen. So war Küssen für die Amerikaner nichts Besonderes und rangierte bei ihnen auf Stufe 5. Diese trat schon während des ersten Dates ein. Die Engländerinnen maßen dem Küssen einen anderen Wert bei. Für sie war Küssen etwas sehr Intimes und rangierte bei ihnen auf Stufe 25, kurz vor dem Ausziehen.

Wenn also die Amerikaner ihr „harmloses" Küssen starteten (und somit für sich bei Stufe 5 angelangt waren), so fühlten sich die Engländerinnen plötzlich auf Stufe 25 katapultiert und hatten nun eine Entscheidung zu treffen. Entweder ohrfeigten sie den Amerikaner für seine dreiste Art und nahmen Reißaus. Oder aber der Mann bedeutete ihnen viel und sie ließen sich darauf ein – und zogen sich schon mal aus, denn das war ja für sie der logische nächste Schritt.

So amüsant diese Geschichte auch sein mag, könnten Sie dennoch einwenden, dass Ihre bessere Hälfte ja nicht aus dem Ausland komme. Dabei wissen Sie aber nur zu genau, dass es dessen auch nicht bedarf, um aneinander vorbei zu reden.

Stellen Sie sich ein Pärchen vor, das sich gerade gefunden hat. Sie tauschen sich intensiv aus und wollen auch alles über die Werte des Anderen erfahren. Dabei stellen sie fest, dass sie die gleichen Werte teilen und für gleichermaßen wichtig erachten. Beide geben Liebe und Respekt einen sehr hohen Stellenwert, benutzen aber teilweise sehr konträre Ausdrucksformen: So haben die Eltern der Frau beigebracht, dass Liebe für Emotionen stehe. Und wenn man jemanden liebt, dann zeigt man seine Emotionen, immer und ausnahmslos. Sie solle, wenn sie jemanden liebe, auch niemals mit ihren Emotionen hinterm Berg halten. Selbst in Meinungsverschiedenheiten dürfe sie ihre Emotionen nicht verbergen, denn dann zeige sie ja auch ihre Liebe nicht mehr. Alles müsse auf den Tisch, selbst wenn es dabei sehr emotional und laut werden müsse. Nur das sei ehrlich. Wenn man Respekt voreinander habe, dann verlasse man niemals den Raum, bevor nicht alles ausdiskutiert sei.

Er hingegen hat in seinem Elternhaus gelernt, dass man in einer Diskussion immer ruhig bleiben solle und die Stimme nie gegen die erhebe, die man liebt. Sollte eine Diskussion doch zu hitzig werden, dann verlässt man den Raum (wenn man den anderen respektiere) und macht erst dann weiter, wenn sich die Gemüter beruhigt haben.

Sie können sich schon ausmalen, was im ersten Streit unseres Pärchen passiert. Sie zeigt ihm ihre ganzen Emotionen. Dabei wird sie auch laut, was für sie nur ein Zeichen ist, dass sie ihn liebt. Was aber denkt er: „Sie wird laut – sie liebt mich nicht!" Er will ihr aber signalisieren, dass er seinen Respekt ihr gegenüber behält und verlässt den Raum. Sie wird ihm im nächsten Moment vielleicht noch nachrufen, dass er sie nicht liebe – und schon haben sie ein Problem. Und? Wer hat denn nun Recht?

In meinen Seminaren kommt übrigens an dieser Stelle manches Mal der lautstarke Einwurf: „Natürlich die Frau". Interessant dabei ist nur, dass ich manchmal das Gefühl bekomme, dass das ehrlich gemeint ist. Sie merken, dass man als Außenstehender keinem einen Vorwurf machen kann. Unsere Regeln zwingen uns in Rituale, die wir genau einhalten müssen.

Sind Sie schon einmal von einem Menschen, den Sie kaum kennen, auf der Straße überschwänglich oder zumindest freundlich begrüßt worden? Wenn Sie jetzt nein sagen, dann denken Sie mal an Weihnachten. Kennen Sie die Situation, wenn auf einmal alle so freundlich werden. Der griesgrämige Typ, der sich gerne mal beim Schlachter vordrängelt, lässt auf einmal die Omi vor sich an die Kasse, weil sie nur drei Teile in der Hand hält. Die Verkäuferin, die sonst kaum die Lippen auseinander bekommt, wünscht Ihnen frohe Weihnachten. Es gibt unzählige Beispiele. In der Weihnachtszeit sind wir alle fröhlich und freundlich. Interessant dabei ist, dass es auch die Menschen können, die fest und steif von sich behaupten, sie seien depressiv. Menschen, die das ganze Jahr etwas zu Meckern finden, die nicht davon ablassen können, über andere herzuziehen, die in allen Dingen die negative Seite aufspüren, sind auf einmal gut gelaunt. Kommt Ihnen das merkwürdig oder fremd vor? Ich kenne tatsächlich solche Menschen, möchte aber gar nicht näher darauf eingehen. Wichtig ist doch nur zu erkennen, dass selbst diese Menschen sich anders verhalten können, auch wenn sie sonst das Gegenteil behaupten.
Und wer in einem Moment richtig fröhlich sein kann, hat bereits bewiesen, dass sein Gehirn keine Fehlschaltung aufweist und es nur an dieser Person selbst liegt, seine Regeln und Rituale für andere Situationen zu ändern. Wenn diese Menschen – aus welchem Grund auch immer - glauben würden, morgen sei Weihnachten, dann agierten sie auf einmal freundlich.

Rituale funktionieren natürlich auch auf der körperlichen Ebene, wie wir ja bereits gesehen haben. Wir haben für alles, was wir empfinden, eine Art Muster, ein Ritual. Wenn jemand schlechte Laune hat, dann spult er sein Ritual ab und verfährt nach einem bestimmten Muster. Ja, wir haben sogar für Schmerz ein bestimmtes Ritual, was Körper und Geist durchläuft. Kennen Sie das? – Sie haben Kopfschmerzen und wollten sich eigentlich gerade eine Kopfschmerztablette nehmen, als Sie irgendwie abgelenkt wurden. Irgendetwas ist passiert und forderte Ihre ganze Aufmerksamkeit. Da haben Sie doch glatt die Kopfschmerzen vergessen. Oder man hat einen Knochenbruch und der schmerzt die ersten Tage ganz schön stark. Wenn man dann aber vor dem Fernseher sitzt und einen spannenden Film sieht, vergisst man den Schmerz.

Ich erzählte einmal in einem Kurzseminar gerade davon, dass man niemals im Leben seine großen Ziele aufgeben solle. Wahre Ziele sind schließlich unsere innersten Wünsche, unsere Träume. Diese dürfen wir nie aus den Augen verlieren, sonst verlieren wir uns selbst. Nun waren wir auf einer recht sachlichen Ebene und eine junge Teilnehmerin sagte: „Wenn ich aber ständig scheitere, dann habe ich irgendwann keine Lust mehr!" Ich hinterfragte diese Aussage, woraufhin Sie präziser wurde: „Es macht ja keinen Spaß, wenn man Misserfolge hat. Da höre ich spätestens nach dem siebten auf." Wir hatten hier einen Glaubenssatz und eine klassische Regel aufgespürt:
1. Scheitern tut weh! (Glaubenssatz)
2. Wenn ich siebenmal gescheitert bin, dann gebe ich auf! (Regel)

Erkennen Sie, dass diese Aussagen ganz persönliche Regeln sind? – Denken Sie an das Kind, das laufen lernt. Welche Wenn-dann-Sätze haben Sie? Sind diese sinnvoll?

Wie blind uns unsere Muster, Regeln und Rituale für die Vielzahl der Möglichkeiten machen, die uns unsere Welt zu bieten hat, zeigt folgendes Beispiel, welches gerade auch ein Beweis für regulierte Denkstrukturen ist. Versuchen Sie sich bitte einmal an der Lösung der nachfolgenden interessanten Aufgabe.

Im Bild unten sehen Sie die drei Zahlengruppen A, B und C. Bitte ordnen Sie diesen Zahlengruppen die nachfolgenden Zahlen 14, 15 und 16 zu.

A	B	C
1	2	3
4	5	6
7	10	8
11	12	9
	13	

Auflösung auf der nächsten Seite...

Erklärung:
Die meisten Menschen verwenden die Mathematik, um der Lösung näher zu kommen. Sie haben vielleicht ebenfalls versucht, Formeln für eine mathematische Reihe herauszufinden, die Quersumme zu bilden oder nach Zahlentypen geschaut. Hier allerdings werden wir nichts finden, solange wir die Gruppen an den Zahlen festmachen. Leicht wird es erst dann, wenn Sie das Vorurteil verlassen, dass es sich hierbei um Zahlen handeln muss mit ihren festgelegten Merkmalen. Dann verlassen wir auch unsere darauf anzuwendenden Muster und Regeln.
Im vorliegenden Fall könnten es auch Bilder oder einfach nur Striche sein. Jetzt haben wir die Möglichkeit, diese ganz anders zu betrachten. Dabei kann man zum Beispiel feststellen, dass die Gruppe A nur aus geraden Strichen besteht. Gruppe C hat nur Kurven und Gruppe B in der Mitte vereint Beides, Geraden und Kurven.

Ein einmal geschaffenes System hilft nicht nur, uns in der Umwelt besser zurechtzufinden, es bedingt auch unsere Sichtweise der Umwelt und schränkt zugleich unsere Möglichkeiten sehr ein. Unsere Optionen, mehr zu erkennen und unsere Chance, vielfältig darauf zu reagieren.

Rituale, Regeln und Werte formen die Glaubenssätze und bilden sich auch wieder aus ihnen in einem immer währenden Prozess. Und sie gehen in jedem Fall miteinander konform. Ändert sich eine Seite, ändert sich das ganze System.

Deshalb lohnt es sich, seine Werte näher zu betrachten. Wenn wir später zur Formulierung der Ziele kommen, dann ist es gut, sich mit den eigenen Werten und Glaubenssätzen auszukennen. Da wir ja nun wissen, dass diese mit darüber entscheiden, ob wir bei einer Aktion Schmerz oder Freude empfinden, können wir mit diesem Wissen den Weg zu unseren Zielen mit Freude ebnen. Wir brauchen nur unsere Vorurteile über bestimmte Dinge zu ändern, denn diese sind ja sowieso nur so lange gut, bis sie meinem Fortkommen schaden. Sind bestimmte Glaubenssätze unseren Wünschen im Wege, dann brauchen wir sie meist nur zu erkennen um festzustellen, dass wir nicht mehr zu ihnen stehen.

Wenn es aber doch so einfach ist, dann hätte es wohl jeder schon getan! – Leider nein. 97 Prozent der Menschen nehmen sich nicht die Zeit, über sich selbst zu reflektieren. Sie kennen sich nicht genug und wissen auch nicht, was sie wirklich wollen. Oh ja, sie haben eine grobe Vorstellung, aber das reicht nicht. Wenn man sich seiner selbst jedoch nicht bewusst ist, hat man kein Selbstbewusstsein. Dieses kommt nämlich von ganz allein, einfach beim „Sich-selbst-Kennenlernen" – sich seiner selbst bewusst sein.

Werte

Da Glaubenssätze in Abhängigkeit zu unseren Zielen stehen und wir nicht unzählige Glaubenssätze umkrempeln können, wollen wir hier den Blick auf unsere Werte lenken. Dies ist ein wirklich wichtiger Schritt zur Selbsterkenntnis. Die Werte lassen sich ermitteln, indem wir uns fragen, was uns wichtig ist, wonach wir wirklich streben. Dabei reden wir nicht von Zielen. Denn das, was wir unter Zielen verstehen, so wie ein Auto oder ein Haus unser Eigen nennen zu können, sind eigentlich die

Zwischenziele. Tatsächlich wollen Sie kein Haus, weil es schick ist, oder auf Dauer billiger, als es zu mieten (das wäre dann auch nur eine Verlagerung der Frage zum Mieten).

Fragen Sie sich einmal, warum Sie tatsächlich ein Haus wollen. Was gibt es Ihnen, in den eigenen vier Wänden zu wohnen? Ist das Ihr Gefühl von Geborgenheit oder Sicherheit? – Sie ahnen, worauf ich hinauswill. Es geht um viel mehr als um das, was Sie kaufen können. Es geht darum, was Sie tatsächlich fühlen. Es geht um Ihr Innerstes, das, wonach das Herz strebt. Wenn Sie eher pragmatisch sind, dann werden Sie jetzt denken: „Aha, es geht um das Erlangen von Zuständen!"

Sie gehen ja auch nicht auf die Party, weil Sie „Party machen wollen". Das wäre ja auch eine ziemlich platte Erklärung. Sie gehen dorthin, weil Sie erwarten, dort in einen Zustand zu gelangen, der für Sie erstrebenswerter ist, als der, den Sie hätten, wenn Sie nicht auf die Party gehen würden.

Sie kaufen ein neues Auto, weil Sie ein anderes Gefühl erlangen wollen, wenn Sie einsteigen und losfahren. Das Gefühl, das sich einstellt, wenn Sie in Ihren alten Wagen einsteigen oder wenn Sie nur an den Wagen denken, gefällt Ihnen nicht mehr. Selbst, wenn Sie den neuen Wagen nur kaufen wollen, weil der alte nun mal jeden Tag auseinander fallen könnte – was schon sehr pragmatisch klingt – tun Sie das letztendlich, um sicherzugehen, dass Sie eben nicht liegen bleiben. Sie streben somit ein sichereres *Gefühl* an.

Die Gefühle sind es, nach denen wir streben, die hinter allem stehen. Aber nach welchen Gefühlen streben Sie? Was ist Ihnen wichtig? – Es gibt viele Gefühle oder Zustände, die erstrebenswert sind, wie beispielsweise Liebe, Geborgenheit, Sicherheit, Abwechslung, Leidenschaft oder Gesundheit.

Dabei ist es wichtig, auch die Reihenfolge zu kennen. Denn wenn zwei Gefühlszustände zur gleichen Zeit zu haben sind, werden Sie immer das auswählen, was auf Ihrer Prioritätenliste weiter oben steht. Also fragen wir nach der Wertigkeit. Was ist Ihnen am wichtigsten? – Da gibt es zum Beispiel den Weltenbummler, der sagt, dass er das Gefühl von Abenteuer an die erste Stelle setzt. Er würde wie eine Primel eingehen, wenn er nicht ständig das Gefühl von Abenteuer spüren könnte. Ein anderer wird widersprechen und der Leidenschaft den Vorrang geben, denn diese sei es, die einen morgens aus dem Bett hole. Ohne Leidenschaft gäbe es keine Hingabe zu den Dingen. Viele Entdeckungen wären nicht gemacht worden, die Menschen würden viel zu schnell aufgeben. „Halt", wird ein anderer sagen, „was nützen einem all die Abenteuer, wenn man nicht gesund ist? Gesundheit gehört ganz oben auf die Liste!" Das kann der nächste so nicht stehen lassen und meint, dass für ihn die Liebe noch darüber stehe. Denn das sei es, wonach wir doch alle letztlich strebten. Was wäre die Welt, wenn die Liebe nicht das höchste Gut wäre? Die Liebe sei unbezwingbar und müsse es auch immer bleiben.

Nun, was denken Sie? – Was sind Ihre erstrebenswerten Werte und in welcher Reihenfolge stehen diese? Damit Sie eine Vorstellung bekommen, was es an Möglichkeiten gibt, habe ich hier einige zusammengestellt:

- Gesundheit / Vitalität
- Lebensfreude
- Leidenschaft / Begeisterungsfähigkeit
- Unternehmungslust
- Liebe
- Dankbarkeit
- Kreativität
- Charme / Witz / Spaß
- Fröhlichkeit
- Auffassungsgabe / Lernfähigkeit / Intelligenz
- Geborgenheit
- Sicherheit
- Freiheit
- Abenteuerlust

- Erfolg (finanziell / beruflich)
- Verständnis
- Aufrichtigkeit / Ehrlichkeit / Fairness
- Authentizität
- Wachstum
- Leistungsfähigkeit
- Zuverlässigkeit
- Harmonie
- Anerkennung
- Spitzenleistung
- Achtung / Respekt
- Integrität
- Glaube
- Spontaneität
- Entscheidungskraft
- Geduld / Gelassenheit
- Treue
- Güte
- Großzügigkeit
- Mut
- Beharrlichkeit / Entschlossenheit / Willenskraft
- Kritikfähigkeit
- Offenheit
- Neugier
- Nervenstärke
- Verantwortung
- Wertebewusstsein

Zunächst einmal müssen Sie sich darüber im Klaren sein, welche Werte für Sie überhaupt erstrebenswert sind. Erst im zweiten Schritt erstellen Sie die Reihenfolge. Um das zu tun, sollten Sie sich etwas Zeit nehmen. Greifen Sie sich Zettel und Stift und fangen Sie an, die Top 5 aufzuschreiben.

Dann fragen Sie sich bei diesen fünf Punkten, was sie Ihnen bedeuten. Dabei legen Sie auch automatisch die Regeln zu diesen Werten fest. Denn um zu wissen, welcher Wert an welcher Stelle steht, müssen Sie sich auch darüber klar werden, wie Sie diesen Wert definieren und wann Sie tatsächlich so empfinden können. Dabei dürfen Sie es sich allerdings nicht so schwer machen. Ich persönlich kenne zum Beispiel keinen, der Liebe nicht unter den Top 5 gelistet hat.

Wenn es jedoch um die Beschreibung geht, wird es sehr individuell. Was bedeutet Liebe für Sie? Wann empfinden Sie Liebe?

An dieser Stelle möchte ich noch einmal den Schwenk zu den Ritualen machen. Eine Geschichte habe ich herübergerettet, die in diesem Zusammenhang vielleicht besser passt: Ich kannte ein Pärchen, das mit diesem Begriff so seine Probleme hatte. Sie sagte, er liebe sie nicht, obwohl er es ihr jeden Tag aufs Neue versicherte. Gemeint hat sie aber etwas anderes. Sie meinte, sie fühle sich nicht geliebt. Das ist ein wichtiger Unterschied. Eine einfache Frage löste das Problem: „Wann fühlst Du Dich denn geliebt?" Ihre Antwort war verblüffend. Am Anfang ihrer Beziehung hatte er ständig ihre Nähe gesucht und Sie andauernd berührt. Das ist ihr Muster, ihr Ritual, mit dem sie Liebe empfindet. Jetzt sprach er zwar viel von Liebe, die Berührungen beschränkten sich aber auf das Wesentliche, jedenfalls in ihren Gesprächen. Sie wollte es aber nicht hören, ihr Ritual war nun mal ein anderes.

Wenn wir das Liebes-Ritual einer Person kennen und es benutzen, können wir es schaffen, dass diese Person sich in uns verliebt. Das funktioniert selbst dann, wenn Sie nicht der Traum-Typ der entsprechenden Person sind, es braucht nur mehr Wiederholungen. Das glauben Sie nicht? Haben Sie noch nie gehört, wenn zum Beispiel eine Frau erzählt, dass ihr Freund eigentlich gar nicht ihr Typ sei und es heute eigentlich auch immer noch nicht sei, aber er einfach etwas habe, was ihr gefällt? Man sei sich eben langsam näher gekommen. Ihr Mann, der nicht ihr Typ ist, beherrschte genau das Ritual, das das Gefühl von Liebe in Ihr immer wieder hervorrief.

Was hat das jetzt mit unseren Werten zu tun? Wir können hieraus eine ganze Menge lernen. Setzen Sie sich möglichst leichte Regeln, wie Sie Ihre Gefühle (Werte) erlangen wollen. Sie müssen natürlich daran glauben. Aber wenn Sie einmal genau darüber nachdenken, dann wissen Sie ebenso wie ich, dass man manche Hürde auch weglassen kann, wenn man nur will.

Wir können das am Beispiel des Erfolges ganz gut verstehen. Wenn Sie Erfolg weit oben auf Ihrer Liste haben, dann hinterfragen Sie diesen Wert, damit Sie auch gleich wissen, wie Sie dieses für Sie erstrebenswerte positive Gefühl beim Erreichen des Wertes ständig erlangen können.

Ihre Frage lautet somit: „Wann fühle ich mich erfolgreich?" – Ich kenne genug Leute, die jetzt mit einer sehr hohen Messlatte ankommen und solche Dinge sagen, wie: „Ich muss mindestens […] und wenn irgendetwas an einem Tag schief geht, dann ist dieser Tag sowieso versaut!"

Warum ist das so? – Wenn etwas misslingt, können wir doch zumindest daraus lernen. Als Sie aus der Schule kamen und anfingen zu arbeiten, haben Sie sich da nicht manchmal nach der Schule gesehnt? Hatten Sie nicht auch das Gefühl, dass man da wenigstens noch etwas für sich getan hat? – Oder haben Sie nicht das Gefühl, dass da noch etwas fehlt, wenn Sie nur noch arbeiten, ohne dazuzulernen? Die Perspektiven werden somit besser, je mehr Schwierigkeiten wir gemeistert haben.

Wenn etwas misslingt, kann man eine Menge daraus lernen. Und wenn wir lernen, wachsen wir. Für mich macht Lernen Spaß. Ob Sie es glauben oder nicht, jedem macht Lernen Spaß. Es ist den meisten nur nicht bewusst. Sie sehen es in dem Moment nicht als Lernen an, wenn sie gerade erfahren, dass ihr

Schwarm in München auftritt und Sie erst einmal die Auskunft anrufen und sich über Züge informieren. Oder sie investieren in die Börse und fangen an, sich erst einmal einzulesen.

Ja, wenn wir etwas dazulernen, macht es Spaß, solange wir es freiwillig tun. Wenn also etwas misslingt, sollten wir immer erst überlegen, was wir daraus lernen können. Ganz nebenbei wird durch die Frage unser Fokus schon wieder auf die positiven Dinge gelenkt.

Also zurück zu der Ausgangsfrage, die ich etwas anders formulieren möchte: Was muss passieren, damit heute ein erfolgreicher Tag wird? – Eine gute Antwort wäre: Ich muss Spaß haben oder wachsen oder gewinnen oder einfach nur leben! Und wenn ich etwas dazu lernen kann, war es erst recht ein erfolgreicher Tag.

Wir können so also fast jeden Tag zu einem erfolgreichen Tag machen. Das ist kein Selbstbetrug. Im Gegenteil, wenn wir diesen uns so wichtigen Wert „Erfolg" spüren können, sind wir glücklich. Bitte trennen Sie aber auch das „Glücklich sein" vom „Zufrieden sein". Denn „Glücklich sein" heißt nicht, dass man sich jetzt zurücklehnt und nichts mehr tut. Das ist wohl eher bei der Zufriedenheit so. Wer in einer Sache mit dem Zustand oder dem Ergebnis zufrieden ist, der hört auf, in dieser Sache Gas zu geben. Warum auch? Man ist ja zufrieden. Manche Dinge können wir dann weglegen – abgehakt. Aber es gibt genug Ziele im Leben, mit denen wir uns niemals zufriedengeben sollten. Wir sollten das Glück genießen, aber den Status trotzdem immer wieder verbessern. So ist es zum Beispiel in der Liebe: Wenn Sie trotz größten Glücks nicht permanent neu in diese Beziehung investieren, werden Sie sich eines Tages in einer ganz anderen Art Beziehung wiederfinden. Sie werden jetzt vielleicht fragen: „Tun wir das nicht alle?" – Bei den meisten können wir das sicherlich bejahen, aber die meisten haben heute auch Probleme in ihrer Beziehung. Es gibt in der Liebe, wie in allen anderen Dingen des Lebens, nichts umsonst, sondern alles ist das Produkt von Zuwendung und die Bereitschaft, ständig daran zu arbeiten, oder aber es ist das Ergebnis von Versäumnissen und Resignation.

Lassen Sie mich hier bitte einschieben, dass sich niemand schlecht fühlen muss, wenn es gerade mal nicht läuft. Frei nach dem Motto: „Ich habe mir wohl nicht genug Mühe gegeben." Wenn wir alles schon beherrschen würden, dann könnten wir keine Erfahrungen mehr machen. Übrigens würde das Gehirn umgehend schrumpfen, wenn wir uns keinen neuen Herausforderungen mehr stellten. In Studien wurde bewiesen, dass die Gehirnleistung selbst im Urlaub, wenn Sie nur am Strand liegen, bereits nach wenigen Tagen anfängt abzunehmen.

Wir dürfen also zu jeder Zeit glücklich sein, aber nicht gänzlich zufrieden. Jedenfalls wollen wir das nicht dauerhaft über alle Bereiche sein. Es geht mir dabei um den wahrsten Sinn des Wortes: „Er ist zufrieden, steht also im Frieden mit sich!" Bitte verwechseln Sie nicht mit innerem Frieden, was in unserer Sprache leicht zu Irritationen führen kann. Man kann sehr wohl mit sich im Frieden sein und trotzdem noch weitere Herausforderungen von außen annehmen. Es fällt mir schwer, an dieser Stelle nicht tiefer einzusteigen. Doch würde alles Weitere über das Abklopfen der Werte hinausgehen.

Hier reicht uns die Tatsache, dass man glücklich sein kann und doch ungebremst weitermacht. Ein zusätzlicher Effekt tritt ein. Die Körperhaltung des Glücklichen ist eine andere, als die des schlecht Gelaunten. Auch alle anderen Signale, die Art der Bewegung, Mimik, Wortwahl etc. sind anders (Physiologie). Damit ziehen wir Menschen an, die wir nicht wollen. Die, die wir wollen, können wir auf diese Weise nämlich schwerer für uns begeistern. Aber auch wir selbst begeistern uns weniger für unser Tun, wenn auch vielleicht nur einen Hauch. Nun gibt es auch jene, die behaupten, dass sie Frust motiviere. Frei nach dem Motto „Jetzt erst recht!" Das heißt aber, dass das, was wir bereits als Erfolg ansehen, dort noch als Misserfolg gewertet wird. Dies ist eine reine Definitionsfrage.

Wenn man Scheitern als Misserfolg versteht und nicht als die Chance zu wachsen – was es aber definitiv ist - dann macht man es sich selber schwer. Denken Sie an die Hunderte von Misserfolgen auf einem langen Weg zum Ziel, die man ein-stecken muss, bis man ankommt. Wenn das Gehirn hierbei Schmerz empfindet, weil wir Frust brauchen, dann wird das Gehirn irgendwann nicht mehr mitspielen wollen, denn es hat dann zu lange auf die Glückshormone gewartet, oder aber man braucht immer längere Auszeiten, um nachzutanken.

Zudem wissen wir ja auch, dass in jedem Misserfolg – wenn wir uns gedanklich nur produktiv darauf einlassen, auch jede Menge Erkenntnisse stecken, die uns für die Zukunft stark machen können. Wir dürfen also nicht nur darüber reden, dass wir etwas gelernt haben, wir müssen auch tatsächlich danach handeln, damit wir gestärkt weitermachen können.

Wenn Sie sich jetzt noch einmal die Frage stellen: „Wann fühle ich mich erfolgreich?", dann ist die einzig richtige Antwort jene, die Sie stärkt. Auf die gleiche Weise verfahren Sie auch mit den anderen Werten. Ich möchte an dieser Stelle jedoch nicht unerwähnt lassen, dass Frust tatsächlich für viele Erfolgs-menschen ein großer Motivator war, um nach ganz oben zu gelangen. Allerdings meinen sie dabei nicht, dass sie ständig gefrustet waren, oder gar absichtlich den Frust für die Motivation herbeigeführt hätten. Vielmehr kamen sie an einen Punkt im Leben, an dem der Frust so groß war, dass sie endlich aufstanden und eine radikale Wende einläuteten.

Halten wir fest: Als Erstes müssen wir die Werte finden, die uns wichtig sind. Wir sollten an dieser Stelle auch schon definieren, wann wir dieses Gefühl leben; und denken Sie daran, es sich einfach zu machen. Dann müssen wir die Werte nur noch in die richtige Reihenfolge bringen. Allein das kann etwas dauern, denn jetzt setzen wir uns erst richtig mit ihnen auseinander. Ein Prozess wurde in unserem Gehirn in Gang gesetzt und das wird uns in den nächsten Tagen helfen, genauer darüber nachzudenken.

Wenn wir nun in Situationen kommen, die unsere Werte berühren, wird uns unser Gehirn ein Signal geben, wir werden aufmerksam und fangen an, die Situation zu bewerten, anstatt sie nur zu durchleben. Da kann es schon passieren, dass wir auf unserer Liste die Reihenfolge immer wieder hin und her schieben. Mit dem Ändern der Sichtweise über die Rangfolge wird sich auch so manche Einsicht finden, wie wir die uns Freude spendenden Gefühle erlangen können.

Die Reihenfolge der Werteliste ist auch deshalb so wichtig, weil wir immer von oben anfangen, diese Liste abzuarbeiten. Stellen wir uns folgende Werteliste vor:
  1. Liebe
  2. Gesundheit
  3. Erfolg
  4. Leidenschaft
  5. Nähe
  6. [...]

Ein Mensch mit dieser Reihenfolge der Werte würde seine Gesundheit dauerhaft für die Liebe aufs Spiel setzen, wenn es die Situation erforderte. Er würde aber nicht den Erfolg über seine Gesundheit stellen.

Sie sehen: wir sind mittendrin, unser Selbstbewusstsein zu festigen. So banal, wie es erscheint, wenn wir unsere Werte kennen und wissen, was uns wirklich wichtig ist und in welcher Reihenfolge, dann gehen wir viel sicherer mit unserer Umwelt um. Wir wissen dann intuitiv, ob uns etwas gut tut oder nicht (immer auf Basis unserer Glaubenssätze) und geben schneller und klarer Antwort.

Haben Sie auch solche Bekannte, bei denen man ständig nachfragen muss, ob sie nun am Wochenende mit in den Zoo (zum Geburtstag, auf die Party...) kommen oder nicht? Sie geben keine Meinung ab, sind sich auch nicht schlüssig und wollen sich erst im letzten Moment entscheiden. Wenn sie dann mitkommen, blicken sie auf die anderen ausgelassenen Chancen. Sie haben ständig Angst, die falsche Entscheidung zu treffen und treffen deshalb oft gar keine. Und wenn diese Bekannten dann mal eine Entscheidung gefällt haben, erzählen sie ständig, was sie alles dafür aufgeben mussten. Sie blicken zurück in Unsicherheit.

Kennt man seine Werte, ist man bereits einen großen Schritt von diesem Verhalten entfernt. Sie merken, sich seiner selbst bewusst zu sein führt tatsächlich zu Selbstbewusstsein. Es führt zu Persönlichkeiten, die genau wissen, was sie wollen, geradlinig und zielstrebig sind, die Dinge auf den Punkt bringen, zu ihren Entscheidungen stehen und sie auch nach außen vertreten, keine Zeit verlieren, sondern das Leben in vollen Zügen genießen können. Solchen Menschen kann man in der Regel blind vertrauen, dass sie hinter einem stehen, wenn sie einem etwas zusichern. Warum sind diese Menschen so? Sicherlich, weil sie sich genau kennen. Dies ist ein kleines Plädoyer dafür, dass auch Sie es wirklich selbst ausprobieren sollten.

Wenn Sie Ihre Werteliste aufstellen, dann kann es passieren, dass zwei Werte genau untereinander stehen, die in entgegengesetzte Richtungen laufen. Stellen Sie sich vor, jemand hat die folgenden Werte (nächste Seite):

1. Liebe
2. Gesundheit
3. Erfolg
4. Leidenschaft
5. Nähe
6. Abenteuer
7. [...]

Wenn die Person mit dieser Werteliste die ersten fünf Werte gut lebt, wird sie sich ganz automatisch aus einem inneren Drang dem sechsten Wert nähern. Sagen wir mal, diese Person steckt gerade in einer festen Beziehung, in der sie die Nähe genießt. Nun macht sie sich auf, um Abenteuer zu erleben. Abenteuer bedeutet aber für unsere Person, in die Welt hinauszuziehen. Ihre Definition von Abenteuer beinhaltet auch Freiheit (auch ein eigener Wert). Sie fängt an, sich aus den „Fängen" der Beziehung zu lösen und zerstört dabei den höheren Wert. Sofort kehrt sie wieder um, um reumütig alles zu kitten. Dann geht sie wieder los, kehrt wieder um. Sie wissen ja selbst wie das weiter geht.

Sollten Sie im Bekanntenkreis jemanden haben, der so agiert, dann möchte ich Ihnen noch sagen, dass dies nur ein möglicher Grund ist, warum diese Person ein solches Verhalten an den Tag legt. Tatsächlich ist es aber auch der häufigste Grund.

Ich finde, dieses Beispiel zeigt sehr deutlich, wie wichtig es ist, die möglichen Bremsen auf dem Weg zu mehr Glück und Erfolg wegzuräumen. Das Leben wird ungleich leichter.

Unsere Ausgangsposition für unsere persönliche Wertefestlegung bleibt die Aufteilung in Schmerz und Freude. Wir haben bisher nur über das Erlangen von Freude gesprochen. Um die Werte auch in diese Kategorien unterteilen zu können, müssen wir auch über die andere Seite, über Werte sprechen, die wir überhaupt nicht brauchen. Da entstehen die Gefühle, die wir auf keinen Fall erleben wollen. Dabei werden wir schnell feststellen, dass diese Dinge oftmals die stärkeren Motivatoren sind. Schmerz ist in vielen Fällen ein größerer Motivator als Freude. Er lenkt unser Handeln wesentlich stärker, als wir zunächst anzunehmen bereit sind. Dabei werden wir jedoch nicht so zielgerichtet gelenkt wie beim Streben nach Freude, da wir uns bei der Vermeidung von Schmerz nur von etwas wegbewegen wollen. Wir bewegen uns dabei nicht automatisch auf das gesetzte Ziel zu. Das werden Sie sehr schnell erkennen, wenn wir uns jemanden vorstellen, der eine Phobie hat. Diese Person wird alles tun, um nicht in eine Situation zu gelangen, in der sie diese Ängste leben muss. Das wird sie selbst dann tun, wenn es bedeuten würde, dass sie auf andere Dinge verzichten müsste, die sie eigentlich weit oben auf seiner „Positiv-Liste" stehen hat. Zum Beispiel würde jemand mit Höhenangst eher einen Wochenendtrip mit den besten Freunden auslassen, wenn das bedeuten würde, dass er mit ihnen Bungeejumping machen müsste.

Sie sehen, dass uns unsere Strategie, Schmerz zu vermeiden, in unserem Handeln lähmen kann. Wenn wir allerdings um die Dinge wissen, die wir nicht mögen, kann uns das schon sehr helfen. Wir können dann diese Dinge auch tatsächlich als Motivatoren für unsere Ziele nutzen. Jeder von uns kennt Dinge und Aktionen, die er nicht gerne mag oder noch schlimmere Gefühle dazu hegt. Manchmal lohnt es sich, zu wissen, dass wir diese Dinge nie wieder tun müssen, wenn wir nur unser Ziel erreicht haben.

Spannend ist jetzt die Frage, welche Werte dahinter stehen. Ich gebe wieder ein paar vor, damit Sie es leichter haben, sich einzufinden:

Frustration	Erniedrigung	Verwirrung
Hass	Peinlichkeit	Stress
Schuldgefühl	Unterdrückung	Langeweile
Wut	Einsamkeit	
Zurückweisung	Ausgelaugt sein	…

Auch hier müssen wir für unser Verständnis eine Reihenfolge festlegen. Wenn Sie dabei Ihre beiden Listen gegenüberstellen, werden Sie vielleicht feststellen, dass bestimmte Werte oder Gefühle sich gegenseitig lähmen. Wenn Sie zum Beispiel nichts mehr fürchten, als sich zu blamieren, dann kann sich das sehr stark auf die Fähigkeit auswirken, frei vor Publikum zu sprechen. Sie werden dieses möglichst vermeiden wollen. Wenn aber gleichzeitig Ihr Wunsch nach Erfolg sehr weit oben auf Ihrer positiven Werteliste steht und es in Ihrem Beruf dazugehört, öfter auch einige Präsentationen zu halten, dann haben Sie ein Problem. Sie wissen also jetzt genau, dass Sie die Angst vor einer möglichen Blamage so umdefinieren müssen, dass sie Ihnen nicht mehr in die Quere kommt. Sie müssen für sich Erklärungen finden, die Beides zulassen, oder aber Sie werden lernen müssen, Ihre Ängste anders zu bewerten. Wieder einmal kommen Sie um die Auseinandersetzung damit nicht herum.

Tatsächlich nimmt schon die gedankliche Auseinandersetzung mit der Angst viel von der Schwere. Das ist wie in einem Gruselfilm. Am Anfang weiß der Zuschauer oft nicht genau, wie das Böse aussieht. Es bleibt im Verborgenen und die Situation ist für den Beobachter nicht richtig überschaubar. Er fühlt mehr mit den Protagonisten mit und spürt dessen Angst. Wenn sich aber das Böse erst einmal gezeigt hat, muss Action mit ins Spiel kommen, weil die Angst nun ganz von selbst abebbt. Gute Regisseure wissen, wie der Zuschauer tickt. Sie kennen die Gesetze der Angst und bedienen diese perfekt. Angst, die nicht greifbar ist, ist wesentlich massiver als die uns in allen Wesensmerkmalen verständlichen Signale. Tatsächlich sind die Signale der Angst Botschaften unseres Gehirns an unser Bewusstsein. Es will mit uns reden und etwas klären. Aber wir neigen dazu, vor dieser Diskussion wegzulaufen. An manchen Stellen ist die Angst natürlich einfach nur sinnvoll und beschützend. Wir müssen allerdings lernen, zu erkennen, wo Angst anfängt, uns zu lähmen.

Wer Erfolg haben will, darf den Misserfolg nicht scheuen. Diese beiden Dinge gehören tatsächlich eng zusammen. Erfolg beruht meist auf einer guten Beurteilung von Situationen. Eine gute Beurteilung kommt aus Erfahrung. Erfahrung beruht meistens auf Misserfolg. Wenn die Erfahrung aus Büchern stammt, dann beruht sie auf dem Misserfolg [von anderen] anderer.

Meist geht einem Erfolg eine Vielzahl von Misserfolgen voraus. Wer keine Misserfolge hatte, der wird sie später haben und Gefahr laufen, dann noch mehr zu verlieren, als wenn er sie gehabt hätte, bevor der Erfolg eintrat. Das hat nichts mit einer negativen Einstellung zu tun. Dies ist realistisch. Es geht im Leben ja auch nicht darum, im Schlaraffenland herumzuliegen und allmählich zu verblöden. Wir brauchen die Misserfolge, um schneller zu wachsen. Wer Erfolg hat, neigt leichter dazu, einen Gang herunterzuschalten. Erfolg macht auch schnell blind für neue Ideen. Wieso sollte man sich diese anhören, wenn doch alles funktioniert? Jeder Misserfolg zeigt uns für alle Zukunft, was wir nicht mehr tun dürfen, um dieses Ziel zu erreichen. Damit bringt uns auch jeder Misserfolg unserem Ziel einen Schritt näher.

Das Schöne am Durchleuchten der inneren Wertelisten ist, dass manche Werte sich schon dadurch ändern, dass Sie sich ihrer bewusst werden. Allein, wenn Sie über einen Wert näher nachdenken, stellen Sie manchmal fest, dass er gar nicht zu Ihren übrigen Gedanken passt und auch nicht zu Ihnen. Man wundert sich dann auch schon, wieso man überhaupt so gedacht hat. Wir nehmen oftmals Werte und insbesondere Regeln aus unserer Umwelt an, ohne sie weiter zu reflektieren. Dann werden sie schnell zu inneren Gesetzen. Das können Sachen sein, die die Eltern gesagt haben, als wir noch Kinder waren. Nur waren das meist Regeln, die für uns wichtig waren, um uns als Kinder zu schützen. Heute nützen sie uns nicht mehr und wir müssen sie ablegen, weil wir erwachsen sind.

Tatsächlich müssen wir regelmäßig hinterfragen, ob unsere Regeln und Werte, genau wie unsere Glaubenssätze, noch so stimmen. Sie haben uns genau da hingebracht, wo wir heute sind, was ja nicht unbedingt schlecht ist. Sie würden uns auch immer wieder so weit bringen. Können sie uns aber auch dort hinführen, wo wir morgen sein wollen?

Sie sehen, dass wir diese Dinge regelmäßig hinterfragen müssen. Der Erfolgreiche arbeitet ständig an seinen Wertesystemen, um auch weiterhin wachsen zu können. Beim Sport ist es selbstverständlich, wenn selbst die besten auch weiterhin trainieren. Niemand würde in ein Fitnessstudio laufen und nach dem ersten Training die Arme jubelnd hochreißen und ausrufen: „Jetzt bin ich fit fürs Leben!" Genauso wie Sportlichkeit eines fortwährenden Trainings bedarf, müssen wir auch unsere Gedanken permanent trainieren. Da gehören dann auch wieder die Autosuggestionen hinein. Ein Blick lohnt sich in jedem Fall.

Autosuggestion

Im Kapitel über den Fokus und die selektive Wahrnehmung habe ich den wichtigen Gedanken der Autosuggestion nicht weiter verfolgt und ihn stattdessen nur auf das Thema Ziele umgeleitet! Bei der Autosuggestion weisen Sie sich die guten Eigenschaften einfach zu.

Wenn ein Mensch sich zum Beispiel einer Religion zuwendet, dann werden ihm bestimmte Eigenschaften zugesprochen, mit denen er sich durch die Zugehörigkeit auch leichter identifizieren kann. Wenn Sie fest an eine Sache glauben, können Sie diese auch herbeiführen.
In einer Studie mit zwei Gruppen schwer depressiver Menschen hat man eine interessante Entdeckung gemacht. Die erste Gruppe wurde von Psychologen behandelt, die andere bekam Medikamente. Dabei wurde die zweite Gruppe noch einmal unterteilt. Die eine Hälfte bekam nur Placebos und die andere richtige Pharmazeutika. Alle wurden durch ein spezielles Messverfahren für Gehirnaktivitäten regelmäßig untersucht. Nach sechs Wochen zeigte die Gehirnregion, die für eine Stimmungsaufhellung angepeilt war, bei allen Kandidaten gleichermaßen deutlich mehr Aktivität. Das ist ein deutliches Plädoyer für die Autosuggestion. Ich sollte der Vollständigkeit halber noch erwähnen, dass nach weiteren Wochen nur die psychologisch und medikamentös Behandelten in ihrer Entwicklung voran schritten. Trotzdem halte ich den Effekt durch Placebos für wegweisend. Hier steht die Medizin noch ganz am Anfang. Dieser Weg müsste weiter verfolgt und könnte so ein echtes Standbein der modernen Medizin werden. Autosuggestion (auf der schlussendlich der Placebo-Effekt

beruht) kann man sehr gut mit positiv ausgesprochenen Glaubenssätzen vergleichen.

Ich möchte hier die Dinge unter dem Oberbegriff „Konzept" zusammenfassen. Ein Konzept, das wir von einer Sache haben, entscheidet über unsere Sichtweise derselben, über das, was wir in ihr sehen wollen. Hier fließen nebst dem Fokus unsere Vorurteile, Glaubenssätze und Muster hinein.

Lassen Sie mich das an einem Alltagsbeispiel erklären: Stellen Sie sich vor, dass Sie ein guter Freund besuchen kommt. Sie sind gemeinsam schon durch „dick und dünn" gegangen und verstehen sich wirklich gut. Heute aber schimpft er Sie schon beim Reinkommen aus. Was werden Sie denken? –
Wahrscheinlich suchen Sie nach Gründen für sein Verhalten und wie Sie ihm helfen können. Auf jeden Fall gehen Sie der Sache auf den Grund. Und nun stellen Sie sich vor, Sie seien mit einem Menschen verabredet, vor dem man Sie wie folgt gewarnt hat: Der ziehe Sie über den Tisch, noch bevor Sie den Raum verlassen haben. Nun kommt der Mensch zu Ihnen und ist freundlich und charmant. Was werden Sie jetzt denken? –
„Was will der von mir?" – Sie werden vorsichtig, nicht wahr? Eigentlich absurd: Der eine ist stinkig und Sie gehen auf ihn zu, der andere ist freundlich und Sie nehmen Abstand!
Was ist hier mit unseren Regeln der Kommunikation los? – Sie haben ein Konzept über Ihren Freund und über den anderen im Kopf. Dieses Konzept beinhaltet das Vorurteil, das Sie hegen, die Emotionen, die Sie bekommen und die Handlungsanweisung inklusive Ihrer Fokussierung auf bestimmte Dinge. Verstehen Sie jetzt, was ich meine? – Wenn Sie mit Autosuggestion, der Fragetechnik und all diesen Dingen anfangen, dann muss Ihr Konzept stimmig sein.

Wenn Sie zum Beispiel jeden Tag eine Stunde laufen wollen, sich jedoch nicht durchringen können, dann könnte Ihre Suggestionsformel wie folgt lauten:

- Ich laufe jeden Tag eine Stunde und habe Spaß dabei (und fühle mich dabei großartig).
- Mein Bedürfnis zu laufen wird mit jedem Tag mehr.
- Meine Fitness steigert sich mit jedem Tag.

Wenn Sie sich ausgiebig mit den Glaubenssätzen befasst haben, erkennen Sie die Analogie. Aber Sie wissen jetzt auch, dass es keine Insellösungen gibt. Es reicht nicht zu sagen: „Ich mache mal ein bisschen Autosuggestion. Ich stelle mir mal ein paar gute Fragen!" Das wird Sie nicht zum gewünschten Erfolg führen. Nur im Kontext eines Gesamtkonzeptes fallen die richtigen Gedanken auch durch den entsprechenden Filter und können aufgenommen werden. Alles Andere führt in die Belanglosigkeit.

Lassen Sie mich das am Beispiel der Religion verdeutlichen: Wenn Sie Christ sind und sich mit den zehn Geboten auskennen, wird Ihr Gehirn in jeder gegebenen Situation den Dreisatz bilden. Das heißt, dass Sie sich automatisch auch unterbewusst zu den Geboten bekennen. Treffen Sie beispielsweise auf die hübsche Frau des Nachbarn, erkennen Sie zum Beispiel nur schwerlich ihre Annäherungsversuche oder Sie versuchen, diese anders zu deuten. Ihr Gehirn arbeitet fest nach Ihren Glaubenssätzen. Es wird nicht gegen seine Konditionierung arbeiten.

Sollten Sie also einmal ein schlechtes Bauchgefühl in einer bestimmten Situation bekommen, dann liegt es daran, dass Sie unterbewusst merken, dass Sie gegen Ihre eigenen Konventionen zu verstoßen drohen. Das ist in vielen Fällen gar nicht so schlimm. Die meisten Menschen wissen ja gar nicht, was sie überhaupt für überalterte Konventionen haben.

Wer sich allerdings seiner selbst bewusst ist, kann sich voll und ganz auf sein Gefühl verlassen. Mit diesem Selbstbewusstsein haben Sie sich ein Netz im Gehirn gespannt, dem Sie mehr und mehr eine Form geben, je stärker Sie mit den Prinzipien Ihres eigenen Gehirns umzugehen wissen. Diese Form können Sie Herz nennen.

Die Autosuggestion hilft, die eigenen Gefühle besser zu kanalisieren und die entscheidenden Dinge besser zu fokussieren. Wir fühlen uns noch stärker in unseren Bestrebungen. Ein sehr alter Bestseller, in dem sehr viel mit Autosuggestionen gearbeitet wird, ist von Dr. Joseph Murphy und heißt: „Die Macht Ihres Unterbewusstseins!" Hier finden Sie detaillierte Anleitungen für einen konstruktiven Umgang mit der Autosuggestion.
Wenn wir allerdings die Leitsätze aus einer Autosuggestion in die Zukunft stellen, dann erhalten wir eine ganz konkrete Zielformulierung. Und genau darauf möchte ich mit diesem Thema *zielen*.

Ziele

Jeder Erfolgstrainer sagt einem, dass man Ziele im Leben haben müsse. Der Pastor sagt: „Der Weg ist das Ziel!". Der Buddhist sagt, man müsse im Hier und Jetzt leben. Das ist auf den ersten Blick ganz schön verwirrend. Ich habe mir meine eigene Version zurechtgelegt. Im gesamten Buch ging es bisher immer um das Erlangen und Ändern von Zuständen. Wir wissen ja nun, wenn wir etwas tun, dann doch nur, um in einen anderen Zustand zu gelangen. Erinnern Sie sich?

Es geht uns auch hier nicht um die Zwischenwerte, sondern um die Endwerte. Wenn es also ein großes Ziel ist, Chef/in einer großen Firma zu sein, dann schauen wir auch hier hinter das Ziel und fragen uns, was wir auf der Gefühlsebene, gerade auch im Zwischenmenschlichen, von diesem Ziel erwarten. Folgenden Fragestellungen tauchen auf:

- Wie fühle ich mich, wenn ich das gesteckte Ziel erreicht habe?
- Wie gebe ich mich dann?
- Wie verhalte ich mich meinen Mitmenschen gegenüber, wenn ich das Ziel erreicht habe?
- Wie werden sich meine Mitmenschen mir gegenüber verhalten, wenn ich dieses Ziel erreicht habe?

Dies ist zwar sehr subjektives Wunschdenken, aber fundamental wichtig. Wenn Sie diese Fragen auf Ihr Ziel hin beantworten, dann können Sie schon jetzt danach leben und die Menschen so behandeln, als hätten Sie das Ziel bereits erreicht. Versuchen Sie, die Gefühle in sich aufkommen zu lassen, als seien Sie schon angekommen. Ganz wichtig ist die letzte Frage: „Wie werden sich die Menschen Ihnen gegenüber verhalten?" –

Dulden Sie schon heute in Ihrem Umfeld nur noch Menschen (soweit das möglich ist), die Sie so behandeln, wie Sie es sich in Ihrer Zielbeschreibung vorstellen? Diese Menschen sehen nämlich Ihr Potential. Sie behandeln Sie tatsächlich unbewusst nach dem Maßstab, was Sie selbst in Ihnen sehen.

Manche Menschen sehen in einem nur, was man in der Vergangenheit geleistet hat und lassen ständig alte Geschichten aufleben. Sie halten einen in der Vergangenheit fest. So etwas hält tatsächlich fest, denn auch Ihre Gedanken sind dann wieder mit diesen Dingen beschäftigt, was auch den Blick auf Vergangenes verstärkt. Jeder Gedanke ebnet den nächsten. Wir reden von den so genannten Freunden oder Bekannten, die selbst nicht weiter vorankommen wollen und nicht verstehen können, wenn man sich verändert. Das ist das beste Anzeichen, woran Sie erkennen, ob jemand Sie auf Ihrem Weg bestärkt, oder vielmehr behindert. Das geschieht oft mit Sätzen wie: „Du hast Dich irgendwie zum Nachteil verändert. Du bist nicht mehr der / die Alte!" Hier will Sie jemand in seiner Welt behalten. Das ist eine Form von Manipulation.

Wir alle manipulieren täglich auf unbewusste Art und Weise. Wir versuchen, unsere Umgebung für unsere Ziele zu begeistern. Das ist nichts Schlimmes, im Gegenteil. Wenn wir jedoch versuchen, andere zur Abkehr von ihren Zielen zu bewegen, um sie an uns zu binden, hat das auch Folgen für uns. Dass das, was wir aussenden und dann zu uns zurückkehrt, brauchen wir hier nicht mehr zu vertiefen. Wir müssen uns dessen aber sehr wohl bewusst sein, wenn wir uns zu unseren Zielen aufmachen. Sie werden jeden Fehltritt in ein egozentrisches Verhalten teuer bezahlen. Darum ergibt es doppelt Sinn, die Menschen um sie zu sammeln, die an Sie glauben, die das in Ihnen sehen, was Sie sein möchten und nicht das, was Sie einmal waren. Es ist auch viel zu aufwendig, zu versuchen, die Menschen eines Besseren zu belehren. Sie müssen selbst darauf kommen oder zumindest bereit sein, Ihre Gedanken aufzunehmen. Nur dann schreiten Sie voran.

Sie brauchen sich deshalb aber nicht gleich von allen Freunden zu trennen. Fangen Sie nur an, aufmerksamer hinzuhören und fragen Sie nach, wenn jemand in Ihrem Bekanntenkreis Dinge über Sie sagt, die Sie schon immer mal hören wollten. Hier finden Sie größere Unterstützung und somit schneller zum Ziel, als wenn Sie versuchen würden, mit eigener Willenskraft zu arbeiten.

Sie haben in diesem Buch noch nichts über die Macht des Willens gelesen. Die einzige Behauptung, die ich hier über den Willen aufstelle, ist die, dass Sie den Willen mitbringen müssen, diese Dinge auch wirklich tun zu wollen. Ansonsten ist er kaum dazu zu gebrauchen, um seine Ziele gesund und glücklich zu erreichen.

Sie können nicht mit Hilfe der bloßen Willenskraft Ihre Ziele erreichen, auch wenn einige Menschen das immer wieder behaupten. In Wirklichkeit hatten sie Spaß an dem, was sie taten. Es ist wichtig, sich die Umgebung so zu gestalten, dass Sie gar nicht anders handeln können, als erfolgreich zu sein. Ihre Mitmenschen müssen Sie weitertreiben, selbst dann, wenn Sie schwache Momente haben. Und die kommen öfter, als uns lieb ist.

Zusammengefasst heißt das: Setzen Sie sich Ziele, die Ihnen die Richtung vorgeben, damit Sie nicht jeden Tag in eine andere Richtung laufen und am Ende feststellen müssen, im Kreis gelaufen zu sein. Wenn Sie Ihre Ziele definiert haben, dann leben Sie schon heute danach (auf der Gefühlsebene) und gehen los. Dann macht bereits der Weg Spaß, denn Sie fühlen auch den Erfolg schon heute. Alles, was Sie auf dem Weg lernen, kann Ihnen keiner mehr nehmen. Sie werden Folgendes feststellen: *„Nicht das Ziel ist entscheidend, sondern das, was das Ziel aus Ihnen macht, wenn Sie sich auf den Weg dahin begeben."*

Auf halben Weg können Sie feststellen, dass sich Ihre Ziele geändert haben. Das hätten Sie aber nicht festgestellt, wenn Sie nicht schon losgegangen wären. Sie mussten diese ersten Erfahrungen machen, um die Zielkorrektur vornehmen zu können.

Wenn Sie ein Referat oder Ähnliches schreiben, dann ändern Sie den Text auch mehrere Male ab, ohne hinterher zu sagen: „Hätte ich doch gleich mit der fünften Version begonnen". Ohne die erste Version hätte es keine fünfte gegeben. Wenn Sie das Ziel erreicht haben, kommt das nächste, meist schon kurz vor Beendigung des letzten Ziels. Am Ziel angekommen, sind Sie nicht mehr der, der Sie einmal waren, als Sie gestartet sind. Sie sind gewachsen – je herausfordernder das Ziel war, desto mehr. Große Ziele fordern und fördern großes Wachstum. Das klingt vielleicht banal, ist aber grundlegend. Denn hieraus lässt sich ein wegweisender Gedanke ableiten: Wenn Sie Ziele wählen, von denen sich schon heute sagen lässt, dass Sie diese auch mit den Ihnen gegebenen Mitteln erreichen können, besteht kein Potenzial zum Wachstum. Wo bleiben die echten Herausforderungen, die uns voran bringen? – *„Die einzigen Schranken, die uns begrenzen, sind die Schranken, die wir uns selbst gesetzt haben!"*

Wir dürfen dabei natürlich nicht vergessen, dass wir uns innerhalb der natürlichen Möglichkeiten bewegen. Wenn Sie allerdings nach neuen Wegen suchen, ist die Natur ein schlechtes Vorbild. Fragen Sie die Philosophen oder die Quantenphysiker. Was ich Ihnen sagen will, ist, dass Sie auf keinen Fall einen ehrlichen Wunsch aufgeben dürfen, nur weil die gegenwärtigen Umstände nicht passen. Und machen Sie Ihre Zukunft nicht klein. Sie selbst entscheiden, ob Sie wachsen wollen oder nicht. Nehmen Sie die Herausforderungen des Lebens dankend an.

Eine wirklich gute Idee erkennt man daran, dass ihre Verwirklichung von vorne herein ausgeschlossen erscheint.

(Albert Einstein)

Okay, wir wissen jetzt, wie wir mit unseren Zielen zu verfahren haben. Aber welche Ziele haben Sie? – Wenn Sie Ihre Werteliste aufgestellt haben, dann sollten Sie in jedem Fall noch einmal vergleichen, ob die Werte mit Ihren Zielen zusammen passen. Wenn die Werte, die ganz oben auf Ihrer positiven Liste stehen, nicht mit Ihren Zielen harmonieren, dann werden Sie entweder etwas an Ihrer Werteliste tun müssen, oder aber – sofern Sie sich über Ihre Werte bereits klar geworden sind, werden Sie Ihre Ziele überdenken müssen.

Sollten Ihre Ziele mit Ihren Glaubenssätzen nicht übereinstimmen, müssen Sie ausschließlich Ihre Glaubenssätze überarbeiten. Wir reden ja nicht von Glaubensbekenntnissen. Sie erkennen aber, dass eine Übereinstimmung unbedingt gegeben sein muss. Ist das nicht der Fall, werden Sie Ihr Ziel niemals auf die Art erreichen, wie Sie sich das vorgestellt haben, sofern Sie es überhaupt erreichen.

Test

Wenn Sie allerdings noch keine Ziele haben, dann sollten wir uns an dieser Stelle aufmachen, diese zu finden. Dafür brauchen Sie einige Blätter oder ein Heft und einen Stift, sowie einiges an Zeit und die Uhr zum Stoppen der benötigten Zeit. Sollten Sie bereits Ihre Ziele fest abgesteckt haben, können Sie diesen Part getrost überspringen. Aber vielleicht möchten Sie die Übung auch einfach mitmachen, um Ihre Ziele zu testen.

Zunächst einmal müssen wir uns von allen realistischen Gedanken lösen. Realistisch ist nur das, was man überschauen kann. Woher wollen wir im Voraus wissen, was funktioniert und was nicht? – Ich maße mir nicht an, Ihnen irgendwelche Beschränkungen zu nennen. Sie müssen jetzt eine Wunschliste anfertigen, als wenn Sie diese zu Weihnachten an den Weihnachtsmann schreiben würden und dabei sollen Sie so agieren wie ein kleines Kind. Kinder sind überschwänglich in ihren Wünschen. Sie als Erwachsener wünschen sich vielleicht ein paar neue Winterreifen für den Wagen. Ein Kind würde sich ein neues Auto wünschen, oder sogar zwei, man hat ja schließlich Freunde... Lassen Sie alles zu, was in Ihren Kopf kommt und setzen Sie den Stift nicht ab. Sie müssen durchschreiben, auch dann, wenn Sie einiges wiederholen.
Sind Sie bereit? – Wir fangen ganz einfach an.

1. **Emotionale Ziele**

   Dabei geht es darum, wie Ihre Ausstrahlung sein soll, die persönliche Entwicklung, welche Sprachen Sie beherrschen wollen. Was wollen Sie tun oder sein? Soziale Ziele wie wollen Sie andere unterstützen? Welche Ausbildungen möchten Sie haben? Wen wollen Sie kennen lernen? Wo wollen Sie wohnen? Wer sollen Ihre Freunde sein? Welche Bücher möchten Sie lesen? Was sind Ihre spirituellen Ziele? Wie möchten Sie Ihr Privatleben verbringen?

Sie haben fünf Minuten. Schreiben Sie die Ziele in einer Reihe untereinander auf. Es wird später wichtig, dass Sie das so machen. Schreiben Sie also nicht nebeneinander. Stoppen Sie die Zeit jetzt!

Wenn die fünf Minuten verstrichen sind, schreiben Sie hinter jedes Ziel eine Zahl von 1 bis 5, 7 oder 10. Diese Zahlen stehen

für die Jahre, die Sie bräuchten oder brauchen, um das jeweilige Ziel erreichen zu können bzw. wollen.
Legen Sie los!

Hier unterbrechen wir vorerst die Arbeit an den emotionalen Zielen und fangen noch einmal im zweiten Bereich an. Benutzen Sie dazu eine neue Seite in Ihrem Heft.

2. **Materielle Ziele**
   Was möchten Sie zu Ihrer persönlichen Freude tun, sein, machen oder haben? Autos, Häuser, Helikopter (fliegen können), ein eigenes Tonstudio, Segelboot, Yacht, Gärtner?
Sie haben auch hier fünf Minuten. Stoppen Sie die Zeit!

Jetzt schreiben Sie auch hier wieder hinter jedes Ziel eine Zahl von 1 bis 5, 7 oder 10 für die Jahre, die Sie zu benötigen gedenken, um das Ziel zu erreichen. Weiteres folgt danach.

Wechseln Sie zum nächsten Ziel:

3. **Ökonomische Ziele** (gleiche Gliederung)
   Was wollen Sie erreichen? Wie viel Geld wollen Sie verdienen? Welchen Beruf üben sie aus? Wie groß soll Ihre Firma sein? Welche Fonds, Aktien, Geldanlagen besitzen Sie? Mit wem wollen Sie arbeiten? Wie viel wollen Sie verdienen?

Auch hier kommt noch einmal hinter jedes Ziel eine Zahl von 1 bis 5, 7 oder 10. Sie wissen Bescheid.

Wechseln wir nun zum vierten Teil:

4. **Physische Ziele**
    Es geht um Ihre Gesundheit: Wie wichtig ist Ihnen
    Sport? Betreiben Sie Mannschaftssport? Wie fit möchten
    Sie sein? Wie sieht Ihre Leistungsfähigkeit aus? Wie
    gesund wollen Sie in Zukunft sein und leben? Wie
    gesund ist Ihre Ernährung? Wie früh wollen Sie den Tag
    beginnen und wie soll es sich anfühlen, wenn Sie
    morgens aufwachen?

Auch hier kommt ein letztes Mal hinter jedes Ziel eine Zahl von
1 bis 5, 7 oder 10.

Jetzt machen wir weiter, überschauen noch einmal alle vier
Listen und betrachten in jeder Liste nur die Ziele, die von uns
mit einer 1 gekennzeichnet wurden. Vier Ziele von denen wir
glauben, dass wir sie innerhalb eines Jahres erreichen können.
Hier suchen wir in jeder Kategorie ein einziges Ziel heraus,
welches wir als erstes angehen wollen. Nehmen Sie für jedes
Ziel eine eigene Seite und tragen das Ziel oben als Überschrift
ein.

Manche Menschen sagen zu sich: „Ja, eine Million, das wäre
schon klasse!" Und eventuell sind sie sogar bereit, dieses ganz
offiziell als ihr Ziel zu bezeichnen. Aber ganz ehrlich, eine Million
einfach nur so haben zu wollen, treibt uns morgens nicht
wirklich aus dem Bett. Wenn dahinter kein Grund steht, der uns
antreibt, dann wird auch nichts passieren. Ziele allein sind
einfach nicht genug. Wir müssen Gründe haben, warum wir
diese Ziele erreichen wollen. Sie müssen sich im Klaren darüber
sein, warum Sie diese Ziele unbedingt erreichen wollen. Die
gesamte Gedankenwelt muss sich darauf freuen. Wir wollen mit
einem Ziel gewisse Freuden erlangen, über die wir schon sehr
genau Bescheid wissen müssen. Und wir wollen Schmerz

vermeiden, von dem wir ja wissen, dass er der größere Motivator sein kann. Gründe kommen zuerst. Antworten folgen.

Unter jedem Ziel machen Sie eine Liste aus den vier Kategorien.

Kategorie 1: Warum müssen Sie diese Ziele unbedingt erreichen? Welche Freuden können Sie dadurch erlangen?

Kategorie 2: Welchen Schmerz haben Sie, wenn Sie das Ziel nicht erreichen?

Kategorie 3: Zustandsbeschreibung: Hinter jedem Ziel muss auch noch stehen, wie Sie sich fühlen wollen, wenn Sie dieses Ziel erreicht haben. Fragen Sie sich auch, ob und wie Sie anders behandelt werden, wenn Sie dieses Ziel erreicht haben. Wenn Sie es noch nicht unter der Abteilung Schmerz abgetan haben, dann fragen Sie sich auch gleich noch, auf was Sie verzichten müssen, wenn Sie das Ziel nicht erreichen.

Kategorie 4: Als nächstes schreiben Sie genau auf, was Sie alles tun können, um diesen Zielen näher zu kommen. Vor allen Dingen ist wichtig, dass Sie dabei mindestens eine Aktion finden, die Sie innerhalb von 24 Stunden erfüllen können. Und Sie brauchen auch mindestens drei Dinge oder Aktionen, die Sie binnen einer Woche erfüllen können. Ach ja, und dann tun Sie es auch sofort, am besten noch heute.

Jetzt werden Sie entdecken, ob irgendetwas dabei ist, was Sie nicht oder nicht dauerhaft tun, weil Sie diese Tätigkeit mit Schmerz (Langeweile, ausgelacht werden, peinlich usw.) verbinden.
Sie müssen Ihre Glaubenssätze im Hinblick auf Ihre Ziele hinterfragen. Wenn Sie irgendwo nicht weiterkommen, dann sollten Sie sich selbst genau nach dem Warum fragen. Geben Sie sich eine Antwort und fragen wieder nach dem Warum, wie

ein kleines Kind, das immer weiter fragt, bis Sie zu einem Glaubenssatz kommen. Wenn Sie das nicht alleine schaffen, suchen Sie sich einen Coach, der Ihnen helfen kann. Vielleicht gibt es sogar einen geübten Freund, dem Sie das zutrauen. Nur werden Sie nicht halbherzig, sondern nutzen Sie alle Ihnen gegebenen Möglichkeiten voll aus, um noch einen Stein mehr in Richtung Ziel zu rollen.

Schauen Sie sich Ihre Ziele anfangs täglich an! Einmal die Woche lesen Sie sich genau durch, was Sie hinter die Ziele geschrieben haben. Jedes halbe Jahr sollten Sie nachsehen, ob sich etwas geändert hat, ob Sie Zielkorrektur betreiben müssen.

Und noch eine Übung:
Eine wesentliche Verstärkung zur Zielerreichung ist die Unterstützung durch die richtigen Fragen. Sie können zu jedem Ziel eine Frage formulieren. Richtige Frage – richtige Antwort. Bitte fragen Sie immer nach dem Prinzip „Fokussieren durch Fragen": Wie kann ich das und das auf gesunde Art/ auf ehrliche Art erreichen und habe Spaß dabei/ genieße den Prozess?

Wenn Sie sich jetzt noch diese Fragen immer zum gleichen Zeitpunkt stellen, zum Beispiel immer zum Duschen am Morgen, dann werden Sie diese Fragen auf Dauer ankern. Irgendwann gehen Sie zum Duschen und Ihre Fragen sind automatisch da (vgl. Kapitel Ankern von Gefühlen!).

Wenn Sie von bestimmten Glaubenssätzen nicht loskommen, obwohl Sie es doch wollen, empfehle ich Ihnen sich grundsätzlich ein gutes Seminar, bei dem genau dieses praktiziert wird. Die Verfahrensweise hier aufzuzeigen wäre müßig und würde auch nie den gleichen Effekt bringen, als wenn Sie das einmal selbst mitmachen. Es ist in jedem Fall sinnvoller, diese Umkonditionierung mit einem Partner zu machen.

In den meisten Fällen reicht es jedoch, sich dieser limitierenden Glaubenssätze bewusst zu werden und sich dann auch bewusst zu machen, was es Sie auf Dauer kostet, wenn Sie daran festhalten würden. Dabei dürfen Sie nicht trocken aufzählen, was es Sie alles kosten kann. Sie müssen sich das in Gedanken mit allen Emotionen ausmalen. Danach finden Sie einen Glaubenssatz, der den limitierenden Glaubenssatz ersetzen kann. Erinnern Sie sich an unsere Beispiele zum Thema Geld? – Auch hier haben wir mit bloßer Logik neue Glaubenssätze gefunden, so dass sie uns nicht mehr bremsen können.

Wenn Sie auf Ihren Zettel schauen, dann steht oben das Ziel und darunter die Gründe, warum Sie es erreichen müssen – unterteilt in die Rubriken „Welche Schmerzen kann ich mit dem Ziel vermeiden?" und „Welche Freuden erlange ich?". Darunter steht, wie Sie sich fühlen werden und wie sich Ihre Umgebung Ihnen gegenüber verhält, wenn Sie das Ziel erreicht haben. Dann gehören dort auch Ihre Glaubenssätze hin, die Sie bereits auf das Ziel abgestimmt haben. Ihre Regeln müssen ganz allgemeingültig sein und jedes Ziel unterstützen.

Dieses war das kleine Einmaleins der Zielfindung. Hiermit können Sie aber sehr gut üben und früher oder später wird Ihre Technik immer ausgefeilter. Die Einjahresziele helfen Ihnen dabei, Selbstvertrauen aufzubauen. Davon kann man nie genug haben. Ganz nebenbei erkennen Sie das Potential, was in Ihnen steckt. Sie wissen ja, dass jeder Gedanke die nachfolgenden beeinflusst. Sie haben mit diesem Test einen Stein ins Rollen gebracht. Hierfür wünsche ich Ihnen schon einmal an dieser Stelle von ganzem Herzen viel Erfolg!

Probleme

Ich habe viel darüber gesprochen, dass Misserfolge zum Erfolg dazugehören. Ohne die Bereitschaft, Misserfolge zu riskieren und eigene Fehler zu machen, kann man keinen Erfolg haben.

Meistens sind es aber die vielen täglichen Probleme, die unseren Weg nach oben pflastern. Nicht jedes Problem mündet gleich in einen Misserfolg, aber jedes Problem lässt uns genauso wachsen. Wichtig ist, zu akzeptieren, dass immer und überall Probleme auftauchen können. Das ist nun mal das Leben. Egal, was wir tun, irgendwo gibt es immer Probleme. Ohne Probleme würden wir nicht wachsen.

Wo fängt aber ein Problem an? – Das ist sehr subjektiv. Eigentlich werden Situationen immer erst dann zum Problem, wenn wir nicht augenblicklich eine Lösung sehen. Sofort wird sie als Problem deklariert. Wenn man erfolgreiche Menschen beobachtet, dann stellt man fest, dass sie sich nicht so schnell zu einer Aussage hinreißen lassen. Sie betrachten schwierige Situationen länger als andere, sie gehen damit anders um. Voraussetzung ist, dass man ruhig bleibt, wenn ein Problem auftaucht. Jede Aufregung darüber blockiert die Gedanken. Wir selbst sind es, die ein Problem komplizierter machen, als es ist. Wir müssen also als Allererstes unseren Zustand managen. Und wie könnten wir das besser tun als durch die Macht der Fragen?

Wir können auch zwischen Problemen und Herausforderungen unterscheiden. Zunächst taucht ein Hindernis auf. Doch sobald und solange wir an Lösungswegen arbeiten, ist es eine Herausforderung. Arbeiten wir nicht oder nicht mehr an einer Lösung, wird es zu einem echten Problem für uns.

Wenn Sie sich also wieder einmal über etwas aufregen wollen, dann stellen Sie sich folgende Frage: Was ist großartig daran?

Oder vorsichtiger ausgedrückt: Was ist an der Situation positiv? – Gut, Sie werden sagen, dass Sie in dem Moment ganz bestimmt nicht an diese Frage denken und wenn doch, dann werden Sie sich diese Frage ganz bestimmt nicht stellen.

Wir sollten anders an diese Frage herangehen. Sie müssen sich heute fest vornehmen, es beim nächsten Mal zu versuchen. Welche Alternativen haben Sie? Was haben Sie alles schon bei Problemen durchgemacht? Waren Sie noch nie gefrustet? Könnten Sie nicht auch manchmal an die Decke gehen? (Achtung, Suggestiv-Frage!)

Manch einer wird von Problemen richtig gelähmt. Der ganze Tag ist verdorben. Ganz nebenbei zieht man auch seine ganze Umgebung mit herunter. Klar, gute Freunde sehen das anders. Sie helfen gerne. Aber irgendwann wird ein notorischer Problemwälzer auch nervend. Wenn Sie also genug davon haben, jedes Mal an die Decke zu gehen, oder einfach nur gefrustet zu sein, dann wird es Zeit, neue Wege zu gehen und unsere Fragetechnik anzuwenden. Schaden wird es Ihnen nicht. Unsere erste Frage, die wir uns stellen, darf nicht auf sich warten lassen. Sie muss gestellt werden, bevor wir reagieren.

1. Was ist gut an dieser Situation/ Sache?
    Und wenn es gar nicht geht, dann fragen Sie etwas anders: Was könnte gut daran sein?

Wenn Sie eine Antwort gefunden haben, fahren Sie mit der nächsten Frage fort, auch wenn Sie noch nicht davon begeistert sind.

2. Was ist noch nicht perfekt?
    Diese Frage suggeriert, dass es perfekt sein könnte.
3. Was bin ich bereit zu tun, um es so zu verändern, wie ich es möchte?

Diese Frage unterstellt, dass ich bereit bin, etwas zu tun und dass ich es kann.

Am Ende nutzen wir noch die Macht der Frage, um unser Gehirn dauerhaft auf das Ziel zu programmieren:

4. Wie kann ich das Notwendige tun, um diese Sache „durchzuziehen" und genieße den Prozess?

Auf einer anderen Ebene gesprochen klingt das so:
1. Manage Deinen Zustand.
2. Fokussiere schnell was das Problem ist und woher es kommt (20 %).
3. Und dann ganz schnell: Fokussiere Dich auf die Lösung (80%).

Und hier noch ein paar weiterführende Punkte zum Ziel:
4. Beobachte, was Du herausbekommst.
5. Wenn Du das Gewünschte nicht erreicht hast, ändere die Strategie.
6. Vergleiche mit anderen, die das Problem bereits gelöst haben. Was haben die getan? Man muss das Rad nicht neu erfinden. Mache es ihnen gleich und dann sattle darauf auf.

Ich habe Ihnen hier einen möglichen Weg aufgezeigt. Ich will nicht sagen, dass es die einzig gangbare Strategie ist. Sollten Sie noch keine für Sie gute Methode gefunden haben, um mit Problemen umzugehen, dann lohnt es sich in jedem Fall, diesen Weg über einen längeren Zeitraum hinweg auszuprobieren. Ich garantiere Ihnen, dass Sie schneller und entspannter mit den Problemen fertig werden. Sie finden mehr Zeit für die wirklich wichtigen Dinge und genießen eine selbstsichere Ausstrahlung.

Bedenken Sie dabei immer, dass wir selbst Probleme zu Herausforderungen machen, wenn wir sie angehen. Haben wir sie dann einmal gelöst, stellen sie keine Herausforderung mehr für uns dar. Es werden also neue, größere Herausforderungen auf uns zukommen. Es ist ein ständiger Prozess des Wachsens und er ist unvermeidbar. Herausforderungen befinden sich außerhalb Ihrer Komfortzone. Sie müssen sich strecken, um sie zu meistern. Danach ist Ihre Komfortzone um diesen Einsatz gewachsen. Eine ähnlich gelagerte Situation stellt Sie nicht mehr vor ein Problem. Dafür brauchen Sie die gerade gewachsene Komfortzone nicht mehr zu verlassen. Sie wissen doch, dass Erfolg nicht bequem ist. Er hält uns in Bewegung, macht uns fit und ist niemals langweilig. Erfolg verspricht ein aktives, selbstbestimmtes Leben.

Diese Fragen haben wir kürzlich für ein Spiel bei einem Seminar von Miehe & Bens genutzt. Es ging dabei um positives Denken in Kombination mit den richtigen Fragen. Wir glauben nicht an positives Denken als Allheilmittel. Neueste Studien haben zwar belegt, dass positives Denken sehr gesund für uns ist. Es nützt jedoch gar nichts, positiv denken zu wollen, wenn uns etwas Negatives widerfahren ist. Dann noch in die Gegend zu grinsen wirkt bestenfalls komisch, wenn nicht ziemlich blöde. Was ist aber, wenn etwas Negatives passiert und wir gerade unser übliches Muster starten wie zum Beispiel, dass wir uns ärgern?
Die erste Spielregel besagt, 30 Sekunden inne zu halten und dann allein oder mit den anderen sofort die folgende Überlegung zu starten: „Was ist gut daran?" – Das ist schwierig genug. Aber wir gehen hierbei von der Tatsache aus, dass alles immer zwei Seiten hat. Und bevor wir nicht die Vorteile herauskehren können, kümmern wir uns auch nicht um die Nachteile. Nach einer Woche wäre dieses Spiel vorbei, gäbe es da nicht noch die zweite Regel, die besagt: „Hältst Du es nicht eine Woche durch, bei jedem negativen Gedanken binnen 30 Sekunden nach dem Positivem zu schauen, fängt die Woche wieder von vorn an."
Ich weiß gar nicht genau, nach wie vielen Monaten wir einfach mit dem Spielen aufgehört haben. Es hat allerdings eine enorme

Wirkung. Dieses Spiel verändert das Denken, die Kreativität und das Potenzial eines jeden. Wir kamen selbst da zu Lösungen, wo wir vorher nicht einmal auf die Idee gekommen waren, darüber nachzudenken. Anstatt das Negative einfach ad acta zu legen, haben wir in den Problemen neue Potenziale für einen produktiven Umgang gesehen und sofort in die Tat umgesetzt. Es ist ein wahres Gewinner–Spiel.

Wir fügen zusammen

Es sind immer noch Sie selbst, der /die über Ihre Gefühle bestimmt. Ich hatte einmal diese Diskussion in einer Firma, in der sich das Team über den Teamleiter beschwerte. Die Situation lief folgendermaßen ab: Der Bereichsleiter ließ seine Launen gern an seinem Teamleiter aus. Dieser wiederum war nach jeder Attacke derart unsicher und aus der Bahn geworfen, dass er anschließend wutentbrannt auf sein Team losging.

Um eine Diskussionsgrundlage zu schaffen, mussten wir erst einmal die Situation auf eine andere Ebene bringen. Wir hatten es hier mit verschiedenen Regeln, Ritualen und Glaubenssätzen zu tun. Ich fragte also erst einmal den Teamleiter, ob er in den Teich springen würde, wenn sein Chef es von ihm verlangte. Er wusste, dass ich die Frage ernst meinte und verneinte ganz klar. Dann wollte ich von ihm wissen, ob er sich ärgern würde, wenn sein Chef absolut freundlich zu ihm wäre und ihn dann ganz lieb bitten würde, sich doch mal zu ärgern. Über so etwas könne er sich doch nicht ärgern, entgegnete er.

Was ist jedoch, fragte ich, wenn sein Chef eine List anwendete, um ihn zum Kochen zu bringen? Der Chef könne ihn ja auch, anstatt lieb zu bitten, einfach anbrüllen und auf diese Art die gewünschte Reaktion seines Mitarbeiters erreichen. Er hätte dann einfach die kulturelle Regel angewendet, um andere wütend zu machen. Das entspräche dann einfach unserem gelernten Ritual, das unbewusst und automatisch abläuft und eine Folge unseres kulturellen Erbes und unserer Prägung ist.

Warum der Chef letztendlich schreit, konnte und wollte ich nicht diskutieren. Wir konnten uns aber darüber unterhalten, wie man selbst darauf reagieren kann. So hatten wir eines bereits festgestellt: Wir wissen nicht, warum er schreit, dafür aber, dass wir selbst ganz anders reagieren würden, wenn wir wüssten, dass es nur ein Spiel ist oder wir der Situation eine eigene, angenehme Bedeutung zuweisen können.

Wenn wir also sowieso nicht die Absicht hinter dem Verhalten erkennen können (außer dass wir davon ausgehen müssen, dass es sich um eine Form von Manipulation handelt), dann können wir auch gleich *unser* Verhalten überdenken. Was machen wir da überhaupt? Sind unsere Reaktionen auf unsere Umwelt adäquat?

Wir haben Folgendes deutlich gemacht:
„Was Du aussendest, kehrt zu Dir zurück!"

Wir wissen auch, dass wir für unser Verhalten bestimmte Rituale haben. Wir haben ein Muster für jedes Gefühl, das wir in uns erzeugen. Denken wir zurück an die Schauspielerei, wo diese Muster genutzt werden, um bestimmte Stimmungen zu erzeugen. Betrachten wir es einmal als ein rhetorisches Spiel, in dem wir versuchen, andere für unsere Ziele zu manipulieren.
Würden Sie jemanden anschreien, mit dem Sie über eine sachliche Angelegenheit reden? – Wenn es um die Sache geht, schreien wir nicht, es sei denn wir wollen persönlich werden. Aus diesem Grunde schreien Politiker in ihren Reden – damit sich die Leute persönlich berührt fühlen. In einer Diskussion bringt Schreien die Situation also auf eine persönliche Ebene. Jemand will uns persönlich angreifen. So ist unser Muster für Schreien. Erwartet wird jetzt natürlich, dass wir klein werden. Durchbrechen wir aber das Muster, ist unser Gegenüber verwirrt.

Niemand kann uns zwingen, so zu denken, wie er will. Unsere Gedanken sind frei und wenn wir gerade gehen (uns gerade machen und überlegt handeln), handeln wir uns Respekt ein. Bleiben Sie immer auf der Sachebene. Stehen Sie zur Not auf und gehen einen Schritt zurück. Ist das provokant? – Nicht *Sie* geben sich eine Blöße. Behalten Sie aber in jedem Moment den Respekt. Jeder macht mal Fehler, auch der Chef mit dem Schreien. So gleicht es sich wieder aus. Sie müssen so einer Situation auch gar nichts in sagen. Denken Sie an die Regel der Kommunikation: Nur sieben Prozent von dem, was Sie sagen, kommt bei Ihrem Gegenüber an. Der Rest läuft unbewusst ab. Wenn Sie also dem Schreienden nonverbal die Botschaft senden, dass er Ihnen leid tut, dann wird er Ihr Mitgefühl spüren. Denken Sie daran, was wir über Muster und die Arbeit des Gehirns gesagt haben. Manches Kapitel können Sie in diesem Zusammenhang noch einmal nachlesen.

Verdeutlichen möchte ich das eben Skizzierte mit folgender Parabel: Ein reicher Kaufmann, der von Buddha hörte, wollte diesen persönlich kennen lernen. Als er an die Stätte kam, an der Buddha seine Reden hielt, war dieser gerade in tiefer Meditation versunken. Der Kaufmann, dem sonst alle gehorchten, war wütend, dass Buddha ihn nicht beachtete und fing an, ihn zu beschimpfen. Als Buddha nicht reagierte, wurde er immer boshafter und schimpfte lauthals auf ihn ein. Er würde den Umstehenden schon zeigen, wer hier klein bei gibt. Nach einer ganzen Weile und der Präsenz von sehr viel mehr Zuschauern, öffnete Buddha die Augen und lächelte den Kaufmann an. Dann fragte er den immer noch aufgebrachten Mann: „Wenn Du einem Menschen ein Geschenk machst und dieser nimmt es nicht an, wem gehört dann das Geschenk?" – „Na, mir", entgegnete der Kaufmann. Buddha fragte weiter: „Und wenn Du jemanden beschimpfst voll Wut und Groll und er nimmt Deine Worte nicht an und wird auch nicht wütend. Wen schmücken dann diese Worte? Wer ist dann wütend?" Der Kaufmann zog verschämt von dannen.

Führende Wissenschaftler haben in der Forschung mit hochbegabten Kindern festgestellt, dass früh erkannte Fähigkeiten wenig zuverlässige Indizien für spätere Spitzenleistungen darstellen. Da heißt es: „Das frühe Erkennen von spezifischen Begabungen ist nicht ausschlaggebend für späteren Erfolg. Dazu bedarf es vielmehr - außerordentlicher Motivation und Anstrengungsbereitschaft sowie der Unterstützung des Umfeldes." In diesen Worten steckt eine ganze Menge. Die erste Frage, die man stellen könnte, lautet: „Ist eine außergewöhnliche Motivation angeboren?" Die Antwort lautet: Ja und nein! Wir alle haben grundsätzlich den Trieb, Dinge zu tun, die uns Spaß machen. Dinge, die keinen Spaß machen, brauchen Zusatzanreize, damit wir den richtigen Antrieb finden. Diese Zusatzanreize schwächen sich jedoch bei Dauernutzung ab.

"Love it, change it or leave it!" – Hier ist die ganze Weisheit zielgerichtet zusammengefasst. Lernen Sie, die Dinge, die Sie tun, zu lieben! Geht das nicht, ändern Sie diese! Geht das nicht, trennen Sie sich von den Dingen! Tiefergehend heißt das, dass es erst einmal an uns selbst liegt, wie wir die Dinge betrachten. Wir können jede Betrachtungsweise annehmen. Wir können etwas gutheißen, was wir bisher als schlecht ansahen, wenn wir unsere Werte, Regeln und Glaubenssätze im Hinblick auf diese Sache hinterfragen. Oftmals stellen wir fest, dass es nur die Glaubenssätze über die Sache sind, nicht aber unsere tiefen Werte, die dort Unbehagen auslösen. Festgefahrene Meinungen oder Vorurteile können die Gründe dafür sein. Dies zeigt, wie wichtig es ist, offen mit seiner Umwelt umzugehen und sie zu hinterfragen, denn sonst bauen wir schnell Vorurteile auf.

Unser Gehirn braucht für jede Information einen Vergleich, damit es diese zuordnen kann. Bekommt es nur unzureichend Input, vergleicht es die neue Information mit bereits Erlebten und ordnet frei zu, verallgemeinert. Es lohnt sich also immer, die Dinge, die einen scheinbar bremsen, zu hinterfragen.
Kommen Sie dann zu dem Ergebnis, dass Sie mit der Sache, der Situation oder dem Menschen nicht klarkommen („not loving it"), müssen Sie versuchen, die Situation oder Sache zu

ändern. Bei dem Menschen rate ich davon ab und empfehle, gleich zum dritten Schritt überzugehen. Wir sind aber noch bei Schritt zwei. Veränderungen zu gestalten, bedeutet, dass Sie von einer gegebenen Situation zu einer Wunschsituation wechseln wollen. Wir haben also einen Ist-Zustand und ein Ziel. Hier sind wir ja noch frisch im Thema, mehr brauche ich dazu nicht sagen. Jedenfalls beginnt wieder einmal alles bei uns selbst. Der letzte Punkt ist tatsächlich der schwerste, besonders, wenn Ihr Problem ein Mensch ist. Man will ja auch niemandem wehtun – schließlich trägt man auch Verantwortung.

Menschen entwickeln sich weiter. Hoffentlich! Manchmal geht diese Entwicklung in unterschiedliche Richtungen. Gelegentlich ist man mental noch sehr verbunden, aber die Wege trennen sich. Schwieriger wird es, wenn die Wege sich nicht trennen, der Geist aber unterschiedliche Richtungen eingeschlagen hat. Ich glaube, dass ich hierüber ein separates Buch schreiben könnte. An dieser Stelle will ich mich aber kurz fassen und entschuldige mich dafür, wenn Sie jetzt nicht lesen, was Sie hier vielleicht gern gelesen hätten. Denken Sie nur daran, dass es um Ihren ganz persönlichen Lebensweg geht. Niemand kann für Sie leben oder für Sie sterben. Es ist Ihr Leben, für das Sie ganz allein Verantwortung tragen.

Wenn Ihnen jemand den Tipp gibt, all Ihr Geld beim Pferderennen auf ein Pferd zu setzen und dieses Pferd verliert, wer wäre dann Schuld? Das Pferd, der Rennstall, der Tippgeber oder Sie selbst? Die meisten würden wohl den Tippgeber zur Rechenschaft ziehen wollen... aber hatte er Ihnen eine Pistole an den Kopf gehalten und Sie gezwungen, so zu handeln?
Dies ist auch in unserer Rechtsprechung ein entscheidender Punkt. Wenn jemand in der Not auf ein Angebot eingegangen ist, kann man diesen „Vertrag" unter Umständen rückgängig machen. Ich rede aber hier von Ihnen, einem Menschen mit

freiem Willen. Niemand zwingt Sie, etwas zu tun, was Sie nicht wollen. Wir haben das Glück in einem freien Land zu leben. Manch einer könnte jetzt einwenden, dass das nicht wahr sei. Wenn man Familie hat, dann könne man nicht so einfach schalten und walten, wie man wolle.

Hier haben wir wieder die Sache mit der Verantwortung. Es ist nämlich nicht ganz wahr. Wer hat Ihnen denn die Familie beschert? – Haben Sie sich nicht mit allen Konsequenzen dafür entschieden oder stehen Sie nicht mehr zu Ihrer Entscheidung? –

Gut, man hat vielleicht in der Vergangenheit nicht alle Vorkehrungen getroffen, um flexibel in dieser Situation weitermachen zu können. Wir müssen begreifen, dass wir alle Macht der Welt besitzen, um unsere Situation so zu verändern, dass wir uns unseren Zielen zuwenden können.

Wir sind nur selten in der Lage, sofort kurz vor dem Ziel zu starten. Dafür sind Ziele ja da. Sie wollen von der Ist-Situation in die Soll-Situation, kurz Ziel genannt. Alle Argumente wie zum Beispiel: „Ich habe Familie, wenn meine Eltern reicher gewesen wären, wenn der Unfall nicht passiert wäre, wenn ich nicht so viel Geld an meine Ex-Frau zahlen müsste" und so weiter sind nichts als Ausreden. Es gibt Tausende davon.

Am Rande einer Messe sprach ich in einem kurzen Referat für eine Firma über das menschliche Potenzial. Hier hörte ich den kuriosesten Einwand, den ich jemals zu Ohren bekommen habe: „Das mag ja für Euch Städter stimmen, aber bei uns auf dem Land ist das anders." Wohlgemerkt, ich sprach über unser allgemeines Potenzial. Ich zeigte auf, wie das menschliche Gehirn arbeitet.

„Wer etwas will, findet Wege. Wer etwas nicht will, Gründe!"

Dieser Herr hatte einen Grund gesucht und gefunden, warum es für ihn nicht stimmt und er deswegen nicht aktiv werden kann.

Warum tun Menschen das? – Es könnte sein, dass sie bereits mit der jetzigen Arbeit überfordert sind und für neue Ziele dementsprechend noch mehr tun müssten. Nein, ich glaube, es steckt tiefer in uns. Es ist Angst! Was ist, wenn das tatsächlich so funktioniert und ich persönlich auf dem Weg scheitere? – Dann habe ich keine Ausreden mehr. Dann kann ich meinen Freunden nicht mehr erzählen, dass es nicht an mir lag, dass es an meiner Frau lag oder an meinem Chef. Es ist die Angst, ausgelacht zu werden, die Angst vor Zurückweisung oder die Angst, nicht mehr geliebt zu werden. Das rührt aus dem Glauben, dass unangenehme Gefühle besonders leicht entstehen können, wenn man selbst Verantwortung übernimmt. Sie müssen sich über die Alternative im Klaren sein. Wenn Sie in eine Firma eintreten, dann geben Sie Ihre Macht für die Arbeit mehr oder weniger an Ihren Chef ab. Sollte dieser wegen eigenem Missmanagements und der daraus resultierenden schlechten Ergebnisse Leute entlassen müssen, werden sie verärgert sein und sich womöglich beschweren. Sie mögen allen Grund dafür haben, denn immerhin wird der Mann gut bezahlt. Aber eigentlich hätte Ihnen klar sein müssen, dass Ihre Macht über die Geschicke der Firma gering ist. Sie hätten zumindest von Anfang an Sicherheiten aufbauen können, die Sie sehr schnell unabhängig von Turbolenzen machen. Ich sage nicht, dass man das muss, ich sage aber, dass wir, ohne selbst aktiv geworden zu sein, auch kein Recht mehr haben, ständig über Gott und die Welt zu jammern. Wenn Sie ein selbstbestimmtes Leben führen, dann entscheiden Sie über die Geschicke Ihres Lebens. Schicksalsschläge werden kommen. Das lässt sich kaum vermeiden. Wie man damit umgeht, ist die wirklich wichtige und alles entscheidende Frage.

Man kann sich auch vorbereiten, damit es einen nicht so hart trifft. Das ist genauso, wie man sich auf einen wichtigen Termin vorbereitet. Nicht jeder tut es und manchmal hat man Glück und gelangt auch ohne Vorbereitung zum gewünschten Ergebnis. Der Profi überlässt den Ausgang einer Situation aber nicht dem Zufall. Er bereitet sich vor. Das Glück ist ihm gewiss.

Ich möchte an dieser Stelle unbedingt einschieben, dass es natürlich auch immer wieder Situationen gibt, die wir wenig beeinflussen konnten. In diesen Fällen bleibt aber wieder die Frage, was wir daraus machen. Und wem das Schicksal besonders hart mitspielt, dem empfehle ich die folgende Frage: „Bist Du diese Erfahrung wert?" Das mag sich jetzt sehr schwierig anhören, führt aber dazu, dass wir unseren Fokus vom Schmerz weglenken und mit klarem Kopf handlungsfähiger werden.
Sicherlich kennen Sie diese Sorte Mitarbeiter in einem Unternehmen, die ständig erzählen, dass sie das ganze Unternehmen zusammenhielten. Wenn sie nicht wären, würde der Laden nicht laufen. Dieselben Leute schimpfen aber über ihren Chef und seine Fehlentscheidungen, wenn mal etwas schief geht. Wer hat denn nun tatsächlich den Laden ge-schmissen? Wer hatte die Macht? – Wenn wir den besagten Mitarbeitern glauben, dann sind sie es immer, solange es gut läuft. Komischerweise war es rückwirkend dann aber doch der Chef, wenn es irgendwo in die falsche Richtung ging.

Müssen wir uns also zuerst von Versagensängsten befreien, damit wir loslegen können? – Nein!!! Fangen Sie auf keinen Fall auf diese Weise an, sonst landen Sie noch beim Psychologen auf der Couch und arbeiten Ihre Kindheit auf. Ich möchte fest-halten, dass ich nichts gegen Psychologen habe, ganz im Gegenteil. Ich finde, Menschen sollten viel öfter einen Psycho-logen aufsuchen, um Probleme gleich in ihren Anfängen vom Tisch zu fegen. So eine Art Seelsorge für die Alltags-problemchen, damit nicht gleich überall aus einem schiefen Blick heraus ein Nachbarschaftsstreit entsteht. Nur sollte man es bei allen Dingen erst einmal mit dem Vorwärtsgang probieren.

Wenn Sie Ihr Potenzial Schritt für Schritt kennen lernen, fangen Sie auch automatisch an, sich immer mehr zuzutrauen. Überschätzen Sie dabei aber nicht wie die meisten Menschen, was Sie in einem Jahr erledigen können. Manches braucht ein paar Jahre mehr. Es geht dabei in erster Linie um Ihr persönliches Wachstum, vergessen Sie das nicht. Wenn Sie den Blick nach vorne richten und nur jeden Tag um 0,1 Prozent zulegen, dann wären Sie in zehn Jahren tatsächlich um Tausend Prozent weiter. Die Versagensängste verschwinden von allein, denn im Gehirn werden immer mehr Bahnen für diese neuen Gedanken geschaffen, selbst wenn Sie bereits 80 Jahre alt sind. Das Gehirn strukturiert sich fortwährend weiter. Manch altes Wissen geht verloren – machen wir uns das zu Nutze und vergessen wir unsere negativen Verhaltensmuster. Wenn wir diese gelernt haben, können wir sie auch wieder verlernen.

Aber Vorsicht, wenn zu viele Emotionen im Spiel sind. Da gelten andere Regeln. Sollten Sie ein Trauma haben oder ähnlich schwere Probleme, brauchen Sie professionelle Hilfe. Gerade traumatisierte Menschen kann man heute unter bestimmten Umständen in nur einer Sitzung von ihren lähmenden Gefühlen befreien. Die Aufarbeitung des Geschehenen wird so viel leichter.
Der oder die Einzige, der / die Sie bremst, sind Sie selbst. Wenn Sie sagen, dass Sie Ihre Anstellung nicht einfach kündigen könnten um das zu machen, was Ihnen wirklich Spaß macht, dann liegt das daran, dass Sie sich selbst über Jahre hinweg in diese Situation gebracht haben. Überlegen Sie, wie Sie eine Situation schaffen können, von der aus Sie Ihr Ziel besser in Angriff nehmen können (ohne dass die Familie oder andere darunter leiden müssen).

Wenn es Ihnen an Geld fehlt, machen Sie Kassensturz und überlegen, was es Ihnen und Ihrer Familie wert ist, Geld anzusparen. Wenn das einige Jahre dauern sollte, dann legen

Sie besser gleich los, denn in diesem Fall haben Sie erst recht keine Zeit zu verlieren. Suchen Sie nach weiteren Geldquellen, aber geben Sie nicht auf. Auch ein Weg von 10.000 Schritten beginnt immer mit dem ersten. Sie haben ja nun gelernt die richtigen Fragen zu stellen und die positiven Glaubenssätze zu schaffen, damit Sie Ihrem Ziel möglichst schnell näher kommen.

Gesamtsicht

Wir wissen jetzt, dass das, was wir aussenden, tatsächlich zu uns zurückkehrt. Kurz zur Erinnerung: Das, was Sie tun, denken Sie auch. Die Gedanken bestimmen die Körperhaltung, Mimik und Gestik, also Ihre gesamte Ausstrahlung. Das, worauf Sie Ihren Fokus richten, erkennen Sie leichter und schneller als Andere. Wenn Sie Ihren Fokus ausrichten, filtern Sie die Ihnen wichtigen Informationen aus der Vielzahl an Eindrücken heraus. Das Gleiche tun auch andere. Egal, welche Gedanken Sie hegen, Sie werden immer Menschen, die auf der „gleichen Welle" liegen, eher anziehen als andere. Die Wahrscheinlichkeit, dass Sie Unglück ernten, weil Sie negativ denken, ist in einer gegebenen Situation also groß. Der Wirtschaftswissenschaftler würde hier „ceteris paribus"[*] argumentieren.

Ein wichtiger Gedanke: Wenn Sie denken, dass die Menschen grundsätzlich schlecht sind, dann werden Sie mit all Ihrem Handeln, mit Allem, was Sie ausstrahlen und darstellen, genau diese Menschen besonders anziehen. Sie ernten dann die Früchte Ihrer Saat, denn Sie werden auch genau auf diese Acht geben.

Die anderen ignorieren Sie in Ihrer Argumentation. Ihr Gehirn will Sie ja nicht Lügen strafen und wird dieses Denken unterstützen, so lange es geht. Wenn Sie denken, die Menschen seien grundsätzlich gut, dann haben Sie ebenfalls Recht. Hiermit kann ich die Beweisführung abschließen, dass unser

---

[*] Der Wirtschaftswissenschaftler beschreibt hierbei ein Modell. Er ändert nur eine Größe in seinem Modell und beobachtet das Ergebnis. So kann er sehen, wie sich jede einzelne Größe bei Veränderung auf das Ergebnis auswirkt. In einem solchen Fall, bei dem nur eine einzelne Veränderung angenommen und davon ausgegangen wird, dass alles andere gleich bleibt, sagt man „ceteris paribus".

gesamtes Denken und Handeln langfristig zu reflektierenden Resultaten und der sich daraus ergebenden Umwelt führen!

„Was Du aussendest, kehrt zu Dir zurück!"

Wir wissen nun aber auch, dass jeder Gedanke die Richtung der nachfolgenden Gedanken mitbestimmt. Schlimmer aber noch sind Gedanken, die auch im Körper geankert sind. Das soll heißen, wenn Sie einen negativen Gedanken mit einer Tat wie zum Beispiel einem Wutausbruch belegen, verstärkt sich dieses Denken und Verhalten deutlich. Zudem haben wir festgestellt, dass Gedanken des Grolls oder der Wut über andere, nur einem einzigen wirklich schaden, nämlich uns selbst.
Dabei verlieren wir Zeit, die wir besser zum lösungsorientierten Denken nutzen könnten. Wir verlieren an Ausstrahlung und ziehen auch noch die Menschen an, die uns genau in diesem Groll bestärken. Unsere negative Hormonausschüttung schwächt unseren Körper vielleicht nur geringfügig, aber unausweichlich. Alle anderen Aktivitäten des Tages leiden unter unserer negativen Stimmung. Wir machen nicht gerade Werbung für uns. Vielleicht brauchen wir das auch nicht. Ich behaupte aber, dass jeder Moment im Leben über die Zukunft entscheidet. Sie werden nie wissen, wofür das Lächeln, das Sie einmal mehr ausgesendet haben, gut ist.

Wir wissen nun, wie sich Gedanken lenken lassen. Es funktioniert nie in dem Moment, in dem wir reagieren müssen. Unsere Reaktionen auf zukünftige Situationen beeinflussen wir ab dem Tag, an dem wir unseren Fokus verändern und anfangen, unsere Werte und uns selbst verstehen zu lernen.
Wenn Sie heute gefragt werden, ob Sie heute Abend mit ins Kino kommen, dann ist Ihre Entscheidung schon längst gefallen. Nur äußere Umstände können das ändern. Ihr Gehirn gibt nach einer simplen Auswertung der Situation und Ihrer zwischen Schmerz und Freude gesetzten Gedanken eine Antwort. Sie

glauben nur, frei entschieden zu haben. Dieses Gedankenspiel lässt sich ewig fortsetzen, was uns in die Philosophie abdriften ließe.

Wir wissen auch, dass unser Gehirn flächendeckend verarbeitet und ablegt. Genau das macht seine enorme Leistung aus und hebt uns noch immer deutlich von Computern ab. Wenn diese auch nur annähernd die Leistung unseres Gehirns erlangen sollen, dann brauchen sie parallel geschaltete neuronale Netze. In unserem Gehirn sorgen rund zwei Billionen Verbindungen pro Sekunde zwischen den hundert Milliarden Neuronen für die geistigen Fähigkeiten.

Nehmen wir einmal an, der Mensch könnte nur Sätze bilden, die aus maximal zwanzig Wörtern bestehen. Dann ergäben sich daraus rein rechnerisch hundert Trillionen mögliche Sätze, ausgehend von der deutschen Sprache. Als ausgeschriebene Zahl sieht das so aus: 100.000.000.000.000.000.000. Wie viele dieser Sätze tatsächlich einen Sinn ergeben, konnte bislang kein Computer der Welt errechnen. Das menschliche Gehirn kann nicht nur diesen Unterschied feststellen. Es bringt den einzigen richtigen Satz in jeder Situation hervor, gepaart mit der richtigen Tonlage, angemessener Geschwindigkeit, Mimik und Gestik. Spätestens jetzt zeigen auch die Computer der nächsten Generation ihre Grenzen auf.

Viel interessanter ist für uns an dieser Stelle, dass unser Gehirn ständig alle Ebenen anspricht. Ob wir sie nutzen, bleibt uns überlassen. Je emotionaler wir Situationen verarbeiten, desto besser können wir uns sie merken. Emotionen entscheiden letztendlich auch mehr über unser Handeln als alle Fakten. Ganz ohne Emotionen wären wir nicht im Stande, Entscheidungen zu fällen und unser Leben zu meistern. Dies unterstützt die These, dass wir uns von den beiden Kräften Schmerz und Freude lenken lassen. Und es ist der entscheidende Hinweis darauf, dass wir niemals ohne Motivation ein Ziel erreichen können. Dabei rede ich von der Motivation, die aus einem Motiv heraus geboren ist. Ein Ziel zu verfolgen, ohne ein Motiv dafür zu haben, bringt Sie nicht voran. Die Selbsterkenntnis führt Sie dabei zu Ihren Motiven.

Wenn wir also versuchen, gegen unsere Moral-vorstellungen, also gegen unsere Werte und Regeln zu verstoßen, werden wir dafür bezahlen und das sogar sehr teuer. Es erscheint alles so logisch und doch halten wir uns oft nicht daran. Manchmal scheint bei aller Logik der kurzfristige Gewinn wichtiger. Was nützt es mir, dass ich heute durch Fairness nicht befördert werde? Später kräht doch kein Hahn danach! Wir können oder wollen die Konsequenzen oft nicht sehen, die mit kurzfristigen Gewinnen verbunden sind. Den Raucher interessieren jetzt doch nicht die späteren Konsequenzen seines Verhaltens! Wenn überhaupt, dann ist es wohl eher die Ausnahme, dass ein Schüler schon fünf Wochen vor der Klassenarbeit anfängt, intensiv zu lernen (es sei denn, es macht ihm Spaß). Jetzt, wo wir das all das wissen, müssen wir nur eines tun: die Grundsätze befolgen. Alles andere regelt sich nach und nach von allein. Unser Gehirn braucht seine Zeit, um sich gänzlich darauf einzustellen.

Wichtig ist nur: TUN SIE ES!

Es ist nur ein Schritt vom „Wissen, was zu tun ist" zum „Tun, was ich weiß". Dieser eine Schritt unterteilt die Menschen in glücklich und geflissentlich glücklich. Das ist der dritte Faktor zum Erfolg! Zur Vervollständigung fasse ich noch einmal alle drei Faktoren zusammen:
1. positives Denken/ eine positive Grundeinstellung
2. der unbedingte Wille zum Erfolg
3. TUN / werden Sie aktiv

Psychologie und Religion

Es gibt noch einen ganz wesentlichen Punkt, den ich an dieser Stelle ansprechen möchte: Wenn Sie nach den genannten Prinzipien handeln, dann liegen Sie bereits sehr nah an dem, was uns die Bibel lehrt. Es ist ein sehr weises Buch, auch wenn wir manchmal so unsere Schwierigkeiten bei der Auslegung der Metaphern haben. Ich glaube, als es geschrieben wurde, war es perfekt. Aber dann gelangte es in die Hände verschiedenster Menschen. Und wenn Menschen agieren, passieren Fehler. Wenn die Kirche in ihrer Geschichte Fehler gemacht hat, dann ist es sicherlich nicht unsere Aufgabe, diese aufzuarbeiten. Warum ich Ihnen das erzähle? – Ich treffe hier einen Punkt, an dem jeder seine ganz persönliche Meinung hat. Denken Sie jetzt bitte daran, was ich über unsere Gedanken gesagt habe. Um keine negativen Aussagen zu machen, sollten wir lernen, Toleranz zu üben. Wenn Sie nicht so sehr Christ[†] sind, dass Sie das tun können, dann sollten Sie zumindest so sehr Egoist sein, es doch zu tun (ich hoffe, Sie erinnern sich an die Gedankenkette).

Wie sagte Jesus: „Wer ohne Sünde ist, der werfe den ersten Stein." Es lohnt sich, die Bibel gelesen zu haben. Viele Weisheiten und psychologische Erkenntnisse der heutigen Zeit kann man auch in der Bibel nachlesen. Sie ist schließlich nicht umsonst *der* Bestseller der Weltliteratur. Leider ist im Namen des Glaubens so dermaßen viel Leid über die Menschheit gekommen, dass viele heute der Auffassung sind, dass wir

---

[†] Wenn ich hier den Christen und die Kirche als Beweisstrang nutze, dann unterstelle ich natürlich nicht, dass Sie diese Werte nicht auch woanders finden. Denken Sie bitte daran: Wenn ich sage, dass alle Chinesen Menschen sind, dann sage ich nicht, dass alle Menschen Chinesen sind.

kaum Kriege gehabt hätten, wenn es den Glauben nicht gegeben hätte. War aber die Religion wirklich der Grund für die Gräuel oder nicht viel eher ein Vorwand, um Macht zu erlangen? Ich bin davon überzeugt, dass der menschliche Geist bei fehlender Religion andere Gründe gefunden hätte um zu morden. Ich habe aufgezeigt, dass derjenige, der schlecht gelaunt sein will, dies mit oder ohne Geld ist. Genauso können wir hier sagen: „Wer Kriege führen will, der führt sie - mit oder ohne Religion". Es gibt vielmehr nichts, was davon weiter entfernt wäre.

Wir kommen aber nicht umhin, festzustellen, dass ein reines Handeln tatsächlich die besten Resultate im Leben hervorruft. Mit „rein" meine ich hier den eigenen Werten folgend. Wenn aber doch nur wenige Menschen solche Selbsterkenntnisse sammeln (und ich glaube kaum, dass so etwas bereits vor nur hundert Jahren schon derart verbreitet war), dann kann ein Buch wie die Bibel sehr wertvoll sein. Mal abgesehen davon, dass es zu sehr ökonomischen Verhalten verhelfen kann. Und auch heute basieren die meisten esoterischen Bücher auf dem Gedankengut der Bibel.

Genau wie mit dem Geld und anderen machtvollen Dingen ist es auch hier: Das Wort der Bibel ist mächtig, nur der Mensch allein nutzt es zum Guten oder missbraucht es. Ich glaube nicht, dass ich hier noch einmal die Beweiskette aufbauen muss, wozu der Missbrauch ganz automatisch führt. Sehen Sie? – Wir sind einfach so programmiert, die Funktionsweise ist uns in die Wiege gelegt und sie lebt nach diesen Prinzipien. Ein Gleichnis aus der Bibel (Matthäus-Evangelium 9,28-30) zeigt dies sehr deutlich: Die Geschichte, in der Jesus Blinde sehend macht. Nur ist hier nicht die Rede davon, dass Jesus sagte, er werde sie sehend machen. Vielmehr fragte er, ob sie denn glauben würden, dass er das tun könne. Als sie seine Frage mit ja beantworteten, sprach er: „Euch geschehe nach eurem Glauben!" Diese Geschichte lässt sich auf alle möglichen Situationen übertragen, egal in welchen Dingen man blind ist. Sie hat eine deutliche Botschaft: Es geschieht alles uns nach unserem Glauben!

Ebenso möchte ich Ihnen eine Dokumentation über die Quantenphysik empfehlen. Nils Bohr sagte einmal: „Wer sich mit der Quantenphysik beschäftigt und nicht erschrocken ist, der hat sie nicht verstanden." Der erste Mensch, der Quanten gebeamt hat, ist Professor Anton Zeilinger aus Österreich. Ich hatte das große Glück, ihn kennen lernen zu dürfen. Es gibt einen tollen Bericht in der Zeitschrift GEO über ein Treffen zwischen ihm und dem Dalai Lama. Wenn Sie auf die Schnelle einen Einblick in die Quantenphysik und den Buddhismus bekommen wollen, sollten Sie diesen Bericht lesen. Aber erschrecken Sie nicht, denn beide Bereiche sind sich sehr nahe.

Eine Lehre aus allen Religionen ist Dankbarkeit. Welchen Sinn sollte Dankbarkeit haben? – Dankbarkeit richtet unseren Fokus auch wieder sehr stark auf die guten Seiten der Dinge, die uns widerfahren. Das trainiert unser Gehirn, nach den verheißungsvollen Möglichkeiten im Leben Ausschau zu halten, anstatt permanent an die Schwierigkeiten zu denken.

„Manch einer beschwert sich über den Lärm, wenn das Glück an die Tür klopft!"
(Volksweisheit)

Wir bekommen oft gar nicht die vielen kleinen Chancen mit, die sich uns im Leben bieten. Bei manchen liegt es daran, dass sie auf die eine, ganz große Gelegenheit warten. Andere können sie schon deshalb nicht sehen, weil sie sich nur auf die Schwierigkeiten des Tages konzentrieren.

Sie sehen, dass uns auch Dankbarkeit schneller ans Ziel bringt. Zudem bewirkt Dankbarkeit all die positiven Gefühle und die sich daraus ergebenden Folgen. Aber Dankbarkeit gehört leider zu den Emotionen, die Menschen nicht gerne zeigen. Viele haben das Gefühl, so ins Hintertreffen und damit in Zugzwang zu geraten. Wer aber die Dankbarkeit der anderen ausnutzt, wird diese ohnehin nicht mehr lange ernten. Sie wissen doch selbst, wie es ist: Von manchen Menschen nehmen wir gerne, von anderen wollen wir uns gar nicht erst einfangen lassen. Das ist meist nur so ein Gefühl, das man schwerlich begründen kann, aber wir fühlen uns eben nicht wohl, von bestimmten Menschen etwas zu nehmen. Ich meine hierbei natürlich nicht die, denen wir das letzte Hemd nehmen, sondern die, die es sich leisten könnten, zu geben. Und trotzdem wollen wir nicht. Zumindest unbewusst haben wir längst ein negatives Muster erkannt. Oder trauen Sie sich nach der Lektüre dieses Buches nicht vielleicht sogar zu, die Signale ganz bewusst wahrzunehmen?

Wir sollten jetzt an dem Punkt angekommen sein, die Dinge deutlich besser zu verstehen, die uns selbst und unser Umfeld bewegen. Wir sollten das Warum und das Wie besser verstehen. Vielleicht sind Sie auch schon in der Lage, die Inhalte weiter zu vermitteln. Zumindest aber wissen Sie jetzt: „Ihr Gefühl lässt Sie nicht im Stich – im Gegenteil!"

Resümee

Ich kann mir vorstellen, dass für Sie die einzelnen Punkte zwar ganz logisch klingen, Sie jedoch das Extrem anzweifeln. Die Schwäche dieser Prinzipien liegt in der nicht greifbaren Wahrscheinlichkeit. Wir können bestimmte äußere Einflüsse kurzfristig nicht beherrschen. „Shit happens", sagt der Amerikaner. Es geht aber darum, diese Wahrscheinlichkeit langfristig zu minimieren und für die Eventualitäten des Lebens gewappnet zu sein.

Sie können nicht immer den Einzelfall zu Ihren Gunsten manipulieren, genauso wenig, wie Sie anderen ständig Ihren Willen aufzwingen können. Wenn Sie aber die lange Sicht betrachten, dann ziehen Sie genau die Menschen an, die zu Ihnen passen und scharen diese auf die eine oder andere Art um sich. Genauso werden Sie sich mit der Zeit und der wachsenden Erfahrung Sicherungen schaffen, die Ihren Weg schützen. Sie werden immer schneller auf Ihrem Weg zum Ziel werden. Kleine Rückschläge können Sie später auch nicht mehr bremsen. Wie heißt es so schön? – „Wenn das Leben Dir eine Zitrone gibt, mache Limonade daraus!" In den meisten Fällen heben sie Ihren Lebensstandard enorm. Wenn genügend Menschen das täten, dann wäre auch gleichzeitig der Standard der Gemeinschaft besser, was es noch schwieriger werden ließe, dass einzelne durch das System fielen.

Was ist die Alternative? Sie können sich auch grämen, wenn Ihnen einmal etwas nicht gelingt, Zeit damit verschwenden, über andere zu schimpfen, während Ihr Gehirn diesen Zug an Ihnen lernt.

Sie werden immer besser darin werden. Was wird dabei noch passieren? Sie werden Ihren Fokus auf die negativen Dinge lenken. Dabei entdecken Sie mit Sicherheit auch noch mehr Schwächen Ihrer Mitmenschen. Was haben Sie aber davon? Wir alle sind Menschen und zeigen Schwächen. Auf die Schwächen anderer aufmerksam zu machen, ist eine Lebensaufgabe. Sie werden sich dann irgendwann in der Gesellschaft der Jammernden wiederfinden. Sie schaffen sich Ihr Umfeld.

Wir bekommen nicht das, was wir wollen. Wir bekommen vielmehr das, was wir sind (was zu uns passt / was wir anziehen) und wir sind genau das, was wir die ganze Zeit denken.

Achte auf Deine Gedanken, denn sie werden Deine Worte!
Achte auf Deine Worte, denn sie werden Deine Handlungen!
Achte auf Deine Handlungen, denn sie werden Deine Gewohnheiten!
Achte auf Deine Gewohnheiten, denn sie werden Dein Charakter!
Achte auf Deinen Charakter, denn er wird Dein Schicksal!

Frei übersetzt aus dem Talmud

Wenn Sie negative Gedanken über eine Sache haben - sagen wir, Sie gönnen Ihrem Nachbarn das viele Geld nicht - wird Ihr Gehirn ein sehr negatives Gefühl zum Thema Geld ankern (flächendeckende Speicherung und Abgleich der Gefühle im Vorurteilsbereich „Geld"). Machen Sie das oft genug und mit vielen Emotionen, haben Sie einen starken, negativen Anker gesetzt. Ihr Gehirn wird jetzt anfangen, eine Vermeidungs-strategie zum Thema Geld zu entwickeln. Es macht dabei keinen Unterschied, ob es sich um das Geld des Nachbarn handelt oder um Ihr Geld. Geld bedeutet für Ihr Gehirn, dass es all die positiven Hormone nicht bekommt. Damit das nicht passiert, werden Ihnen alle möglichen Steine in den Weg gelegt, damit sie keine Zeit mit Geld verschwenden.

Wenn Sie meinen, es würde vielen nicht gefallen, was Sie wirklich tun wollen und halten deshalb damit hinterm Berg, dann werden Sie sich auch ein Umfeld schaffen, das Sie nicht unterstützt, sondern genau in dem festhält, was Sie vorgeben. Manchmal scheint ein ehrliches Wort viel Ärger zu bedeuten. Wenn wir aber nicht zu dem stehen, wer und was wir sind, werden wir nie unsere Wünsche erfüllen können.

Sie merken, dass ich für einen sehr egozentrischen Standpunkt stehe. Sie werden aber die Anderen nicht ändern können. Sie werden vielleicht einige mit der Zeit für Ihre Ideen öffnen können. In jedem Fall werden Sie die Menschen anziehen, die genauso denken wie Sie, wenn Sie unerschütterlich weitermachen, sich um Ihre eigenen Belange zu kümmern. Diese neuen Menschen werden Sie auch gegen altes Denken verteidigen und Ihnen in Ihrem Bestreben zur Seite stehen. Wenn Sie dann auf Ihrem Weg sind, dann werden Sie immer mehr Spaß haben. Sie werden immer selbstbewusster. Jetzt können Sie auch wieder anfangen, sich um die anderen zu kümmern.

Wer kein Geld hat, kann kein Geld geben.
Wer kein Englisch kann, kann kein Englisch lehren.
Wer sich selbst nicht liebt, kann nicht selbstlos lieben.
Was wir selbst nicht in uns haben, können wir auch nicht geben.

Wenn Sie also stark geworden sind, dann sollten Sie unbedingt eine Menge davon abgeben. Damit meine ich nicht nur Geld, sondern auch die inneren Werte, die Sie stark machen. Helfen Sie anderen und Sie werden deren Dankbarkeit zu spüren bekommen. Ganz nebenbei passiert noch etwas. Dadurch, dass Sie diese zusätzliche Sympathie für das spüren, was Sie jetzt sind, verbindet Ihr Gehirn noch einen Grund mehr mit Wachstum, für den es sich zu kämpfen lohnt. Sie verstärken den Reiz, den Spaß-Faktor auf Ihrem Weg zu den Zielen.

Sollten Sie aber meinen, dass Sie keine Zeit für solche Aktivitäten finden - denn Sie arbeiten ja an Ihrem Ziel; und außerdem bräuchten Sie das Geld selbst für Ihr Fortkommen - dann irren Sie. Tatsächlich werden Sie Angstgefühle ernten, wenn Sie zu sehr am Geld hängen:

-   Angst, Sie könnten es wieder verlieren,
-   Angst, es könnte nicht reichen.

Sie fangen an, ständig auf der Hut zu sein. Jeder Verlust fängt an, wehzutun und Sie verlieren den Spaß am Geld. Sie fangen an, darüber nachzudenken, wie schön es war, bevor Sie richtig Gas gegeben haben. Sie könnten zu einem einsamen Kämpfer werden. Die Freunde, die Sie haben, werden ebenfalls nur auf ihrem Geld sitzen, wenn sie nicht gerade auf Ihres scharf sind. Aber das sind die dann sowieso...

Wenn Sie liebenswerte, gütige Menschen um sich haben wollen, starke Menschen, die anderen etwas zu geben haben, die da sind, wenn sie gebraucht werden, dann seien Sie selber einer von ihnen. Natürlich werden Sie auch immer mal an Menschen geraten, die Sie ausnutzen wollen. Sie werden sich nicht gänzlich dagegen schützen können. Aber wollen Sie deswegen auf die vielen lachenden Gesichter verzichten, auf die warmherzigen Blicke, die sich einstellen, nur weil Sie da sind? Manch einer wird es Ihnen nicht danken, wenn Sie helfen wollen. Die meisten Menschen haben Dankbarkeit nicht gelernt.

„Dankbarkeit ist ein Zeichen von sozialer Intelligenz."

Manchmal ernten Sie Dank von einer ganz anderen Seite. Was Sie geben, kommt zurück. Es kommt nicht immer zu dem Zeitpunkt zurück, an dem man es sich wünschen würde. Es kommt auch nicht immer von den Personen zurück, von denen man es erwartet. Es kommt dann aber umso schöner, wenn Sie es gerade nicht erwarten. Also, erwarten Sie keine Dankbarkeit. Die Wahrscheinlichkeit ist groß, dass Sie enttäuscht werden. Freuen Sie sich auf die Überraschungen.
Seien Sie aber selbst dankbar für die Dinge, die man Ihnen zu Teil werden lässt. Wenn Sie anderen Ihre Dankbarkeit zeigen, wird Ihnen auch in Zukunft gern gegeben werden und vielleicht sogar noch ein bisschen mehr.

Es zeigt, dass Sie nichts als selbstverständlich erachten dürfen. Das sollten Sie übrigens auch nicht mit der eigenen Situation tun. Eine tiefe Dankbarkeit dem Leben gegenüber, eine grundsätzliche Haltung der Dankbarkeit, dass man die Möglichkeiten hat, das zu tun, was man tut, versetzt uns in eine veränderte Stimmung. Es gibt uns ein tiefes Glücksgefühl, das Sie aber nicht mit Zufriedenheit verwechseln dürfen.

Seien Sie glücklich, aber nicht zufrieden mit Ihren eigenen Leistungen und Resultaten – jedenfalls nicht zu lange. Zu viel Zufriedenheit macht faul. Glücklichsein ist das Gefühl, das Sie haben wollen und auch dauerhaft ertragen können. Wenn Sie im Leben aber weiterkommen wollen, dann sollten Sie sich in den bestimmten Bereichen nicht so leicht zufriedengeben.

Darum wünsche ich Ihnen für all Ihre Vorhaben viel Glück, immer mal wieder entspannende Zufriedenheit und jede Menge Herz am rechten Fleck!

Literaturverzeichnis

Victor Frankl	Trotzdem ja zum Leben sagen
	Dtv
Antonio Damasio	ich fühle, also bin ich
	Econ-Ullstein-List
Anthony Robbins	Das Robbins Power Prinzip
	Heyne
Alister E. McGrath	Naturwissenschaft und Religion
	Herder
Dr. Joseph Murphy	Die Macht Ihres Unterbewusstseins
	Ariston
Christophe André/Francois Lelord	Die Macht der Emotionen
	Gustav Kiepenheuer Verlag
Frieder Lauxmann	Die Philosophie der Weisheit
	Nymphenburger
Arthur Zajonc	Die gemeinsame Geschichte von Licht und Bewußtsein
	Rororo
Kurt Langbein / Rike Fochler	Einfach Genial/die 7 Arten der Intelligenz
	Bastei Lübbe
Khalil Gibran	Der Prophet
	dtv
Alfred Meier-Koll	Wie groß ist Platons Höhle? Über die Innenwelten unseres Bewusstseins
	Rororo
Hans Graßmann	Das Denken und seine Zukunft Von der Eigenart des Menschen
Susan A. Greenfield	Reiseführer Gehirn
	Spektrum – Akademischer Verlag
Brian Tracy	Thinking Big
	Gabal
Jens Uwe Martens	Mit dem Herzen suchen
	Dumont
F. David Peat	Synchronizität
	Scherz Verlag
Bas Kast	Revolution im Kopf
	Berliner Taschenbuch Verlag